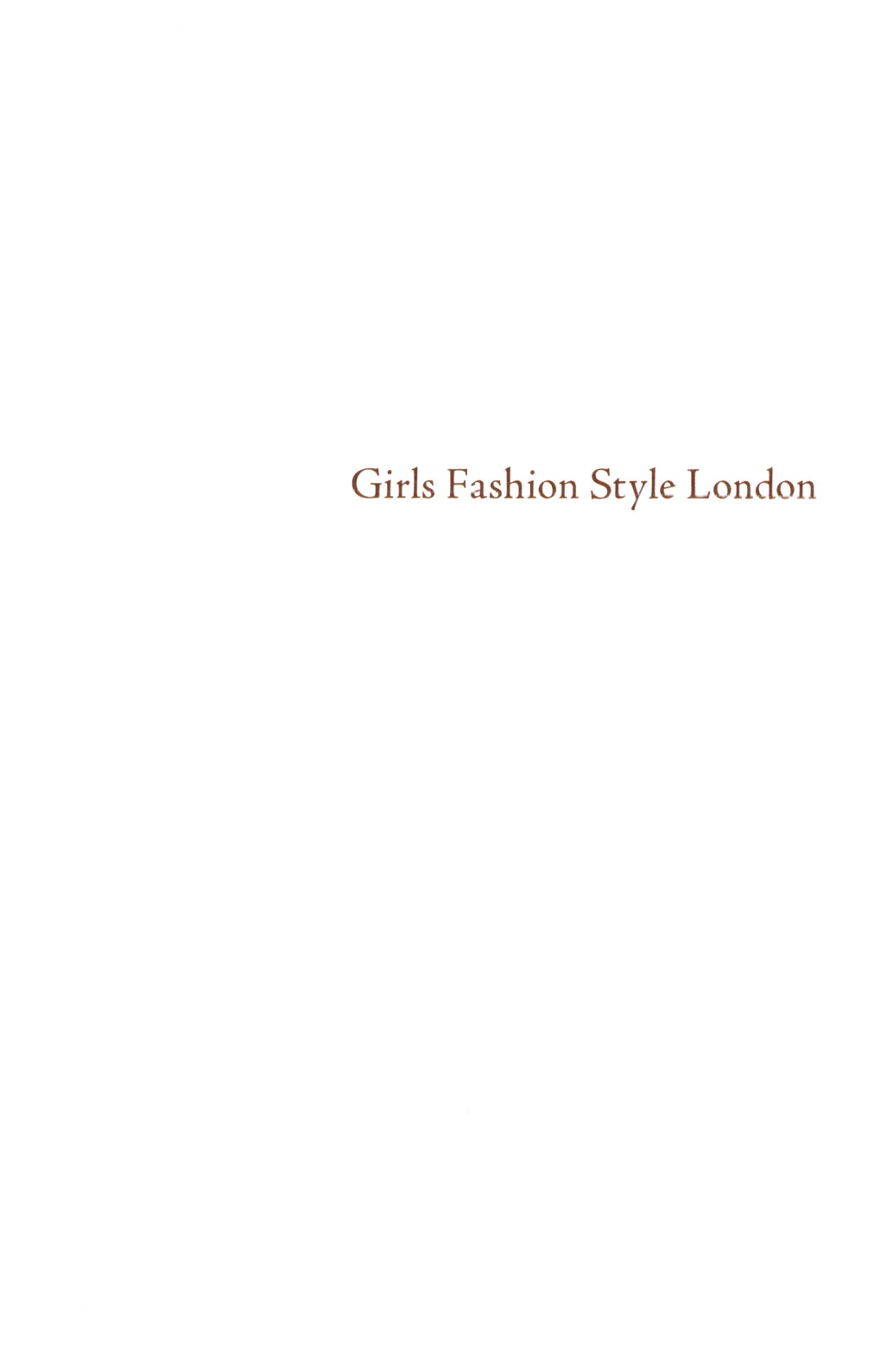

Girls Fashion Style London

Sarah Bagner

Introduction

ロンドン・ガールズのファッションは
ガーリーなロマンチック・スタイルを装ったり、
ヴィンテージ・アイテムをミックスしたり、
ロック・テイストをアクセントに取り入れたり。
それぞれに個性的で、自分らしいコーディネート。
「私は、これが好きなの!」と背筋がピンと伸びた
女の子たちの姿が、目に浮かぶようです。

お気に入りのものや、興味を持っている世界をきっかけに
洋服やメイクを、自分のスタイルで表現する女の子は
インテリアも、きっとおしゃれに楽しんでいるはず。

ロンドンのファッション界やデザイン界で活躍する
おしゃれ好きな女性クリエーターたちの住まいも
1部屋1部屋がユニークなスタイルを持っています。
その様子は、まるで、くるくると変わる万華鏡のよう、
おしゃれへとつながるストーリーにあふれていました。

ジュウ・ドゥ・ポゥム

Contents

Hannah Martin
ハンナ・マーティン
jewellery designer ジュエリーデザイナー ・・・・・・・ 6

Jessica de Lotz
ジェシカ・ドゥ・ロッツ
jewellery designer ジュエリーデザイナー ・・・・・・・ 14

Sarah Bagner
サラ・バグナー
founder Supermarket Sarah
「スーパーマーケット・サラ」ファウンダー ・・・・・・ 24

Pip Hackett
ピップ・ハケット
milliner 帽子アーティスト ・・・・・・・・・・・・・ 32

Emilie Perez
エミリー・ペレズ
founder and designer Creme Anglaise
「クレーム・アングレーズ」ファウンダー＆デザイナー ・・ 42

Gemma Harrison
ジェマ・ハリソン
womanswear designer Temperley London
「テンパリー・ロンドン」デザイナー ・・・・・・・・・ 48

Amelie Labarthe
アメリ・ラバルテ
co-founder and textile designer Somethings Lab
「サムシングス・ラボ」ファウンダー＆テキスタイルデザイナー ・・・・ 58

Alison Lousada
アリソン・ルサダ

founder and designer Lousada Heyhoe
「ルサダ・ヘイホー」ファウンダー＆デザイナー ········ 66

Polly & Harry
ポリー＆ハリー

founders and designers Draw In Light
「ドロー・イン・ライト」ファウンダー＆デザイナー ····· 74

Loulou Androlia
ルル・アンドローリア

lingerie and accessories designer Loulou Loves You
「ルル・ラブズ・ユー」ランジェリー＆アクセサリーデザイナー ····· 82

Sophie Loula Ralli
ソフィー・ローラ・ラリ

designer RALLI Design 「ラリ・デザイン」デザイナー ····· 88

Sophie Hulme
ソフィー・ヒュルム

fashion designer　ファッションデザイナー ········ 96

Hannah Havanna
ハンナ・ハヴァナ

jewellery and accessories designer Garudio Studiage
「ガルディオ・スタディアージ」ジュエリー＆アクセサリーデザイナー ····· 104

Nisha & Amber
ニーシャ＆アンバー

DJs Broken Hearts 「ブロークンハーツ」DJ ········ 110

Tara Holmes
タラ・ホルムス

jewellery designer　ジュエリーデザイナー ········ 118

 フェミニンとマスキュリン、ふたつの魅力をひとつに

Hannah Martin

ハンナ・マーティン
jewellery designer

ハンナが手がける、デザインのコンセプトは、
女の子が欲しくなっちゃうメンズ・ジュエリー。
それは、ガールフレンドが彼のシャツや腕時計を
ちょっと拝借して、身につけているのに似ています。
ファッションでは、色は黒、シャープなラインで、
エッジがきいたデザインが好きというハンナ。
そこにハイヒールをあわせて、女性らしさをプラス。
チャーミングな笑顔の中に、フェミニンとマスキュリン
力強さと繊細さ、正反対の魅力がとけあいます。

ジュエリーデザイナーのハンナが、ボーイフレンドのマックスと一緒に暮らすのは、ノース・ロンドンのハイバリー＆イズリントンに建つジョージア朝時代のタウンハウス。キッチンにつながるダイニング＆リビングと寝室というコンパクトな間取りですが、天井が高く、大きな窓があるので、広々と感じられます。ダークブラウンの床は1800年代のオリジナルのままで、通常よりも幅の広い板が張られています。マックスお気に入りのソファに並ぶクッションは、ハンナの手づくり。白い壁面に、ハンナとマックスが集める、さまざまな時代の家具や雑貨がよく映えます。

上：肌をのぞかせるカッティングがセクシーなハンナ・マーシャルのドレスに、レギンスをあわせて。ハンナが手をかけた棚は、マックスがデザイナーからプレゼントされたもの。左下：ふたりともコーヒー好きなので、旅先からのおみやげはカップを贈りあうように。右下：ここに並ぶガラス器はすべて花器に。

左上:ハンナ・マーシャルとはジュエリーでコラボレーションしたことも。左中:マックスのために作ったカフリンクスとそのケース。右上:ポートベロー・ロードで見つけた活版印刷の活字トレイをリビングの壁面に取り付けて、思い出のある小さなオブジェを少しずつ並べるように。左下:手づくりのクッションには、マックスのイニシャルをアップリケ。右下:アンドリュー・タイがデザインした本棚。

左上：イギリスで古くから子どもたちに歌われている童謡「オレンジ＆レモン」の歌詞のポスターは、エレファンツ・グレイヴァードのデザイン。右上：ふたりの集めたデザイン・オブジェがミックスした棚。左下：フラミンゴのスパンコール刺しゅうが華やかなドレスは、リチャード・ソルジャーのもの。右中：大きなファスナーがアクセントになったブリーンのバッグ。右下：ジョージナ・グッドマンのパンプス。

上：ベッドサイドには、家族の思い出が詰まった大切な写真をディスプレイ。左中：ハンナのコレクションの中から、ふたりが普段から愛用しているリング。左下：スタッズがついたベルトはバーバリー、そのほかはヴィンテージのもの。右下：いま読んでいるのは、大好きなミュージシャン、パティ・スミスの伝記。その隣の本はマックスがまとめた新著『ロンドン・デザイン・ガイド』。

上：2歳のころから、いつも一緒だったテディベアや、友だちから贈られたヴィンテージのリバティ・リボンなど、思い出のオブジェを並べて。中：シューズラックには、10センチ以上も高さがあるヒールがずらり。左下：イヴ・サンローランのオープン・トウ・シューズはお気に入りの1足。中下：星形のパーツが連なるネックレス。右下：友だちのマットがプレゼントしてくれたトップハット。

ロマンチックな思い出のストーリーをまとって

Jessica de Lotz

ジェシカ・ドゥ・ロッツ
jewellery designer

頭には、ピンクの小鳥が顔をのぞかせるヘッドドレス
レースのトップスとドレスを重ねて、ロマンチックに。
モダンな感覚で、ヴィンテージ・アイテムを取り入れて
遊びごころあふれる、ジェシカのファッション。
古いオブジェを集めるのが好きというジェシカは
のみの市で見つけた、ある女性の出生証明書が入った
ハンドバッグからコレクションを展開することも。
プライベートなストーリーがかいま見えるような
イマジネーション豊かなジュエリーを生み出しています。

遊びごころを感じさせるエレガントなジュエリーを手がけるジェシカ。ノース・ロンドンの緑の多い住宅地に建つヴィクトリアン・ハウスの地下階の広々とした部屋に、フィアンセとシェアメイト、そしてねこのプリンセス・タチアナと一緒に暮らしています。古いオブジェを集めるのが好きというジェシカは、子どものころからおばあさんと一緒にのみの市に出かけていました。アンティークの家具は、そのおばあさんから譲り受けたものばかり。お気に入りのものは、いつでも目に入る場所に飾るようにしています。ヴィンテージのドレスも、大切なインテリアのポイントです。

上：ティマラス・ビースティーズ社の壁紙「イグアナ」を貼った暖炉のコーナーには、これまで集めてきた、さまざまなオブジェを並べて。赤いレースのジャケット付きドレスは30年代のもの。左下：ヴィクトリア朝風のミラーの上に、ジェシカのリングをのせて。右下：お気に入りのヴィヴィアン・ウエストウッドのパンプス。

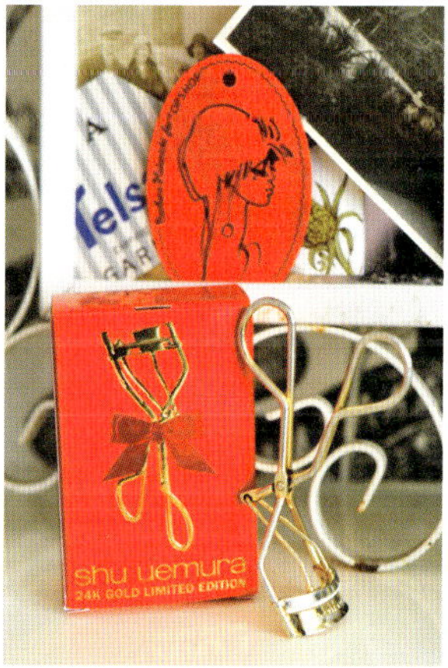

左上：60年代のドレスにあわせたペンダントは、ジェシカによる「11.55.キリング・タイム」。左中：シュウ・ウエムラのビューラーを愛用。右上：ジャンプスーツには、60年代のジャケットとお気に入りの帽子を。エジプトをモチーフにしたドレスはヴィンテージフェアで。左下：おばさんから婚約祝いにもらった2羽の鳥のキャンドルと、50年代の天使のオブジェ。右下：マティーニ・グラス型リング「イッツ・カクテルタイム」。

上：チェストの上に並ぶ、ジェシカのコレクション。ボックスの中は卒業時に発表した「アンティル・ザ・デイブレイク」。中央は照明スイッチの中央にリングがおさまる「ポーリーヌ」。右側には最新の「エディス・メアリー・ボールドウィン」シリーズ。左中：電話型の香水ボトルのまわりに「ミス・ララズ・ブードゥワール」で見つけた花をあしらって。左下：フィアンセのネイサンも愛用しているメンズ・ラインのジュエリー。

ブライトンのカーブーツセールで見つけたヴィクトリアン・ケープを着せたトルソーに、50年代のビーズ・カラーとメキシコから持ち帰った帽子をコーディネート。

左上：目の前に広がる緑の景色が気持ちいい、ワーク・デスク。右上：2010年からお兄さんのベンジャマンとスタートさせた、オーダーメイドのモノグラム・シリーズのための道具。右中：手帳の上に、ジェシカが自分のために作ったモノグラムのアイテムを広げて。左下：りんごのネックレスの種は、ブラックダイヤモンド。右下：チャリティショップで見つけた、ちょうちょのプレートを窓辺に。

左上：キッチュなイラスト入りセラミックは50年代のもの。数字入りテープは、40年代ごろに使われていた映画館のチケット。右上：50年代のオリーブ・ピックと、エスプレッソカップ。左中：お気に入りの大型懐中時計。左下：ヴィンテージフェアで見つけた木製のおうち型バッグ。右下：友だちを招いてティーパーティをするのが好きというジェシカのティーセットが、カップボードの中に並んで。

リビングの暖炉のまわりに貼った本棚プリントの壁紙は、デボラ・バウネスの
デザイン。ジェシカはエジプシャン・ドレスに、60年代の帽子をあわせて。

上：活版印刷の活字トレイの中に、小さなコレクションを並べて。左中：「アンティル・ザ・デイブレイク」のコレクション・アルバム。のみの市で見つけたデイジー・フーバーという女性の持ち物がインスピレーションに。左下：ヴィヴィアン・ウエストウッド×メリッサのパンプスと、60年代のシルバー・シューズ。右下：パンクバンド、チーターズのボーカルをつとめるネイサン。さるのボードはPVで使用したもの。

ワクワク&ドキドキ、ショッピングを楽しんで

Sarah Bagner

サラ・バグナー
founder Supermarket Sarah

デザイナーの作品や、ヴィンテージのアイテムを
壁にディスプレイして見せる、インスタレーション形式の
オンラインショップ、スーパーマーケット・サラ。
リビングの壁からはじまった、サラのプロジェクトは
いまギャラリーやデパートなどにも広がっています。
明るい色の洋服は、気分も盛り上げてくれるでしょう？と
あざやかなブルーや赤など、きれいな色を着こなすサラ。
ちょっとズレたような感じを取り入れるのもお気に入り。
好きなものは好き！と自由なスタイルを楽しんでいます。

ショッピングは楽しいものなのに、オンラインショップには、そのワクワク感がないように感じていたサラ。のみの市で掘り出し物を探すときのような楽しさやインスピレーションを感じてほしいと立ち上げたのが「スーパーマーケット・サラ」です。サラがフィアンセのヘンリクとねこのアルフォンソと一緒に暮らすのは、ウェスト・ロンドンのポートベロー・マーケット近く。さまざまな文化がミックスし、歴史的な雰囲気も感じさせるエリアです。末っ子なので家族からいろいろなものを譲り受けているというサラ。思い出のオブジェで少しずつインテリアを作りあげています。

上:「スーパーマーケット・サラ」がスタートしたのは、この部屋から。ブライトン・マーケットで見つけた鏡は、このコーナーにぴったりのデザイン。左下:50年代のヴィンテージの電話と、スウェーデンのおばさんから譲り受けたバッグとグローヴ。右下:アムステルダムで見つけた木靴を自分でペイント。

左上：色がお気に入りのドレスは、60年代のもの。左中：50年代のシルク・スカーフをつけるときは、口紅とマニキュアも赤にして。右上：クロス人ステッチ・アートは、ヘンリクのコレクション。左下：親友のジョアンナが作ってくれたピローケースの上に置いたミュールは、ヴィンテージの魅力を教えてくれたおばさんから。右下：オブジェデザイナーのジョージナが手がけたバッグ。

上：ひげを生やした男性のポートレートや、スウェーデンを思い出させるサウナの絵、文字体が気に入った段ボールなど、お気に入りのものだけを集めた暖炉の上は大切なコーナー。中：キッチュなイラストが気に入ったねこのプレート。左下：イニシャルの看板が乗ったバスケットは、スウェーデンで使われていたフルーツかご。中下：お姉さんのアレクサンドラの結婚式の写真。右下：ヴィンテージのはかりの横には、モデルだったお母さんの写真を飾って。

ガラス張りになった天井から差しこむ美しい光が楽しめるコーナーは、読書にぴったり。大胆な柄入りタイツは、パターニティのもの。

上：2階にある寝室のベッドの上に、ちょこんと座るアルフォンソは1歳になったばかり。左下：チューリップのような形のギ・ラロッシュの赤いドレスは、スピタルフィールズ・マーケットでの掘り出し物。右下：ポートベロー・マーケットで見つけたねこの絵と、子どものときからかわいがっていたゴリウォーグ人形。ピンクのウクレレは、ミュージシャンの友だちからのプレゼント。

左上：お母さんが作ってくれたジュエリーボックス。右上：ポートベロー・マーケットで見つけたヘンリクの帽子。左中：シシリアの旅の思い出の絵と、ヘンリクが子どものころから使っていた布のしおり。左下：竹製のはしごにベルトやスカーフをかけて。右下：友だちの結婚式で着た赤いプリント・ドレスは、ヘンリクからのプレゼント。ブラウンのワンピースは60年代にハンドメイドされたもの。

Pip Hackett

ピップ・ハケット
milliner

エレガントに美しく、毎日をドレスアップして

美しく裾が広がる花柄ドレスに、足下はハイヒール
そして、いくつもの花が連なるヘッドドレス。
女性用の帽子を手がける、ピップのエレガントな装いは
まるで、映画から抜け出してきたかのようです。
パンクに夢中だった、ティーンエイジャーのころ。
音楽や映画への興味が、ファッションへとつながりました。
20年代からはじまり、お気に入りの50年代まで
ファッショナブルな時代の空気感やスタイルを
毎日のコーディネートの中にも取り入れています。

ピップは映画監督のご主人と一緒に、ウェスト・ロンドンのリトル・ヴェニスと呼ばれる美しい地区に暮らしています。透明感のある白が多く使われた住まいの中に色どりを添えるのは、カラフルな雑貨たち。ドレッシングルームには、20年代から50年代にかけてのドレスやアクセサリーがずらりと並びます。まるで舞台の衣装部屋のようですが、このすばらしいコレクションも普段から愛用しているものばかり。映画のコスチュームデザイナーを経て、帽子デザイナーとしてブランドを立ち上げたピップ。彼女のデザインにも、ヴィンテージ・ファッションへの情熱がよく表れています。

左:寝室に飾っていたのは、50年代アメリカのプロム用ドレス。右上:ミニサイズのワイヤー・トルソーに、ヴィンテージのイヤリングを飾って。その多くは50年代の花やフルーツをモチーフにしたもの。右下:スパンコール・ベレーは、友だちの結婚式に招かれたときに、30年代の黄色のティードレスにあわせて作った思い出の帽子。

左上：「女の子はみんな靴が好きよね！」というピップのシューズラック。右上：鏡はブライトンのアンティーク屋さんで。左中：ルビー色の花が連なるヘッドドレス「チェリー・トリュフ」。左下：ご主人からのバースデーカードをフレームに。ガラスの脚が美しいランプスタンドのそばには、ペールグリーンの色にこだわったヘッドドレス。右下：ベッドまわりは明るい色を取り入れて。壁紙はシャーリー・コンランのデザイン。

まるで衣装部屋のようなドレッシングルーム。すべてのアイテムがいつも目に入るので、コーディネートのアイデアが広がります。

上：50年代のドレッサーの上を、花のヘアアクセサリーで飾るのが好きというピップ。ここでメイクをしていると、窓の外にリスを発見することも。左下：デザイナーズ・ギルドのフロッキー加工の壁紙は、刺しゅう入りイヴニング・バッグをより美しく見せてくれます。右中：ヴィヴィアン・ウエストウッドの靴はすこし小さかったのでディスプレイ用に。右下：最近よく愛用している、ふたつのパンプス。

左上：ミントブルーのシルクスリップに、パリで見つけたファーをあわせて。ハンガーは友だちのフルール・オークスが手がけたもの。右上：おばあさんが身につけていたようなブローチをコレクションしているビップ。左下：ケーキスタンドはヘアアクセサリーを飾るのにぴったり。右下：大好きなプレシャス・マクベイン社のコルセット・チェア。ピンクの靴は友だちのショップ「サブクチュール」で。

左上:フルール・オークスのハンガーに、ビーズ刺しゅうのジャケットをかけて。左中:ドレッシングルーム隣のバスルームに並ぶボディケア用品。右上:ピップのドレスはウエストのラインが美しい50年代のもの。壁には、映画「イッツ・ア・ワンダフルライフ」のポスター。左下:デイビッド・ダウントンによるエリン・オコナーのイラスト。右下:ひとめぼれしたシーブ・スツール。

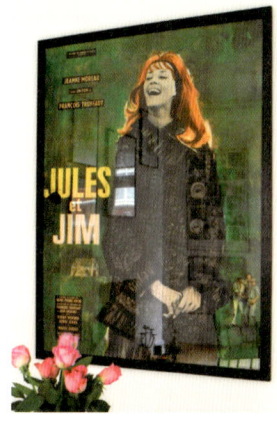

左上:首まわりのラッフルが美しい、30年代のシルクのサマードレス。右上:ご主人のピーターはフランスのヌーヴェル・バーグの映画がお気に入り。トリュフォーやゴダールのポスターを飾っています。
右中:ファッションのインスピレーションを感じる本たち。左下:ティーカップも大好きで、コレクション・アイテムのひとつ。右下:インド製のアルミ棚に、アールデコ調のティーセットを並べて。

玄関ホールには、コレクションしている古いはく製たち。30年代のきつねは、ピーターからのプレゼント。中東風のランタンや上海のポスターで、異国の雰囲気を取り入れて。

シンプル・シックなフレンチ・ガーリー・スタイル

Emilie Perez

エミリー・ペレズ
founder and designer Creme Anglaise

フランスのトゥールーズからロンドンにやってきた
エミリーのスタイルは、シンプルでシック。
まさにチャーミングなフレンチ・ガールです。
フェミニンな彼女の雰囲気にあう、ピンク色と
フローラルや、アフリカン・プリントがお気に入り。
3歳になる、息子のマエルくんにも、ママは
いつもおしゃれだなと思ってほしいから…。
デニムなどカジュアルなパンツスタイルのときも
女性らしく見えるディテールを大切にしています。

43

マエルくんに作ってあげたギター型のクッションをきっかけに、インテリア雑貨ブランド、クレーム・アングレーズを立ち上げたテキスタイル・デザイナーのエミリー。家族3人で、ロンドン南西部のクラファム・コモンに暮らしています。5階にある部屋は、ロンドン中が見渡せる眺めのいい場所。家具付きで借りているので、自分たちが手がけたものは少ないというエミリー。その中でもベッドルームにある古材を使ったドレッシング・テーブルは、ご主人の手づくりという特別な品。そしてエミリーが手がけるプリント柄クッションが、部屋のあちこちを楽しくいろどります。

左：画家として活躍するエミリーのお母さんが描いた「ロンドン・ガード」。クッションとガーランドは、エミリーの手づくり。右上：マエルくんが生まれたときにご主人からプレゼントされた時計。
右下：リバティ布地を使ったクレーム・アングレーズのクッションと、プライマークの靴。

左上：ハネムーンの準備で手に入れたレイバンのサングラスは、いまでもお気に入り。**右上**：ゴールドの枝に、アクセサリーをディスプレイ。ミセス＆ミスターのボードは結婚式のときにお母さんが作ってくれたもの。**左下**：夏のホリデーででかけるたびに増えていく帽子たち。**右下**：ベッドリネンはオンラインショップで、カーテンとタッセルはザ・ホームのもの。

左上：翼は、お気に入りのモチーフ。**右上**：H&Mのカーディガンに、レザーのフラワー・コサージュをあわせて。**左下**：マエルくんの部屋にある、エミリーのクローゼット。インド製のブラウスとデニムで、フェミニンなカジュアル・スタイル。**右中**：クレーム・アングレーズのクッション。**右下**：おばあさんが編んでくれたブランケットと、ギター型クッション、そして愛用のコンバース。

リビングのコーナーを、エミリーのアトリエに。クレーム・アングレーズのクッションやガーランドは、ここからすべて手づくりで生み出されます。

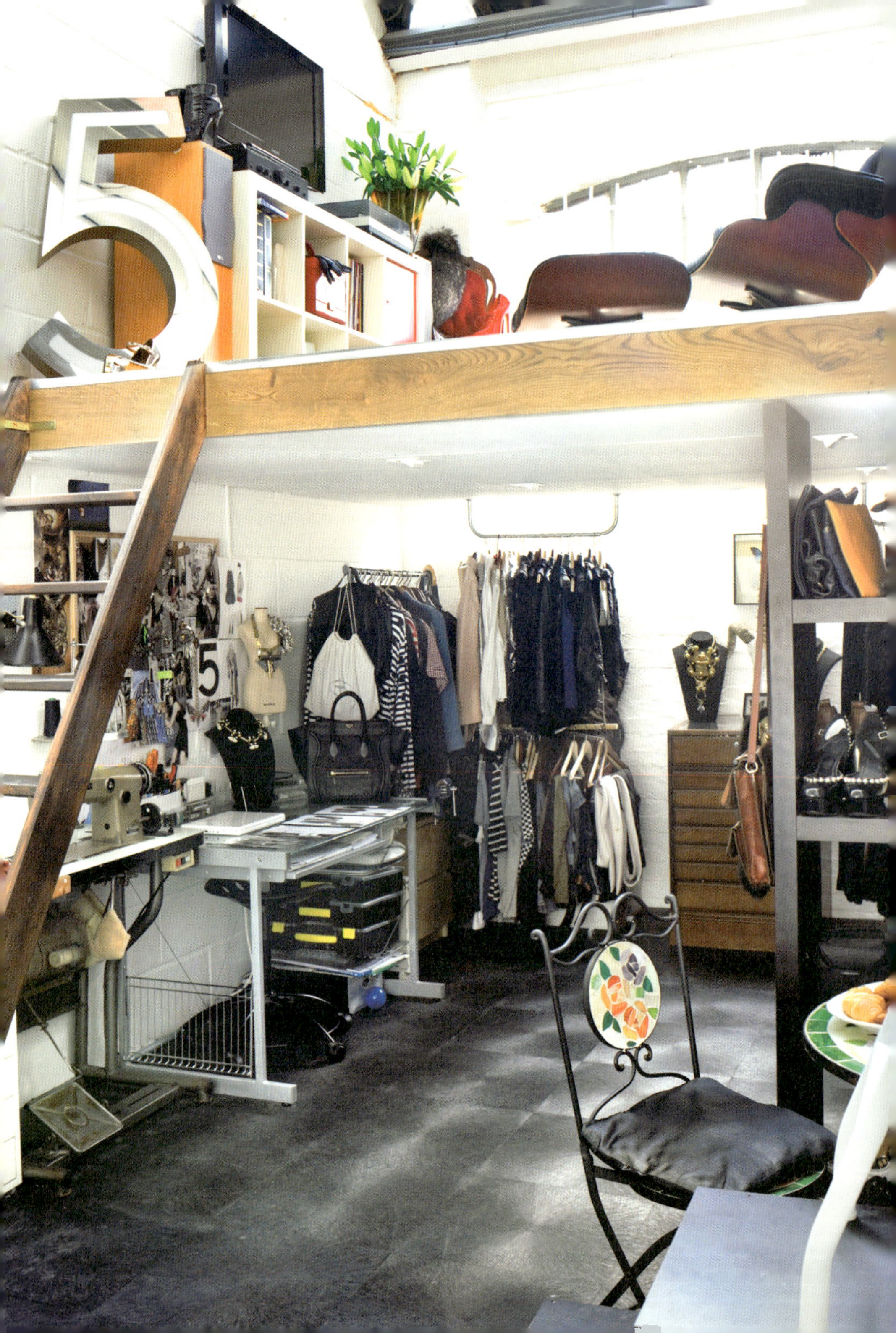
5

好きなものや似合うもの、あなたのベストを試して

Gemma Harrison

ジェマ・ハリソン
womenswear designer Temperley London

「なにが自分に似合うかを、知ることが大切よ」
子どものころ、お母さんからよく言われていたこと。
デザイナーになったジェマも、そのとおりだと感じるそう。
少し前までは、黒い服が定番だったというジェマ。
最近は、トマトのようなあざやかな赤にひかれていて
頭の上から爪先まで、カラー・コーディネートすることも。
好きな色は変わっても、スタイルはそのままに、
メタリックでハードな印象のアクセサリーをプラス。
シンプルな中に、強い主張を感じさせる着こなしです。

ロンドン・ファッション・ウィークでコレクションを発表するテンパリー・ロンドンのデザイナーのひとりとして活躍しながら、撮影用のコンセプチュアルなジュエリーづくりをスタートさせたジェマ。おばあさんが仕立て屋さんだったので、子どものころからお裁縫に親しんでいて、欲しいものはだいたい自分の手で作ってきたのだそう。ジェマがご主人のハワードとねこのドゥービーと一緒に暮らすのは、以前はお菓子工場の倉庫だった建物の一室。アトリエとして使われていた空っぽだった空間を、自分たちで工夫して、素敵なアトリエ兼住まいを作りあげました。

上：ロフトの下は、ジェマのアトリエ兼ドレッシングルーム。中央に置いたアクセサリー専用のチェストは、ハワードからのプレゼント。左下：引き出しをあけると、ジェマがデザインしたジュエリーと、お気に入りのアイテムが並びます。右下：お気に入りの映画と、ヘルムート・ニュートンの写真集。

左上：アズディン・アライアのドレスは、ニューヨークのヴィンテージショップで。左中：ジェマが手がけたネックレス。スーパーマンのロゴに似ていると、友だちから「スーパーマン」と名づけられました。右上：デスク前は、インスピレーションソースのピンナップボード。左下：雑誌の切り抜きやスケッチ、ジュエリーのパーツなどをコラージュ。右下：ミシンはおばあさんから譲り受けたもの。

左上：トルソーには、ジェマが手がけたジュエリー。角のはく製はネット・オークションで、ちょうちょはアンティークショップで見つけたもの。**右上**：ヴィンテージの茶色いレザーバッグは、イタリアのフィレンツェで。**左中**：アフガニスタンのシャツ。**左下**：羽根は友だちのアーティストからのプレゼント。**右下**：ワンショルダーのドレスとネックレスは、誕生日パーティのために自分で手づくり。

53

左上：ご主人からの贈り物のキャンドルと、7年間愛用していた「リバティーン」は思い出の香水。右上：ご主人とのコミュニケーションに、ドアにメッセージを書きあうように。右下：ティマラス・ビースティーズ社の壁紙を貼ったパーテーションはご主人の手づくり。右中：アメリカで見つけたヴィンテージのネックレス。右下：トップショップで色違いで購入したブーツは、ストラップを付け替えて配色を楽しんで。

左上：数字の「1」の形の照明は、照明デザイナーとして活躍するご主人が、高層ビルから持ち帰ってくれたもの。左中：お気に入りのセリーヌのバッグ。右上：バスルームの上のロフトを寝室に。左下：ジェマが以前お仕事をしていたマシュー・ウィリアムソンのクッション。右下：大学の卒業式ではいたヴィヴィアン・ウエストウッドのプラットフォーム・シューズ。

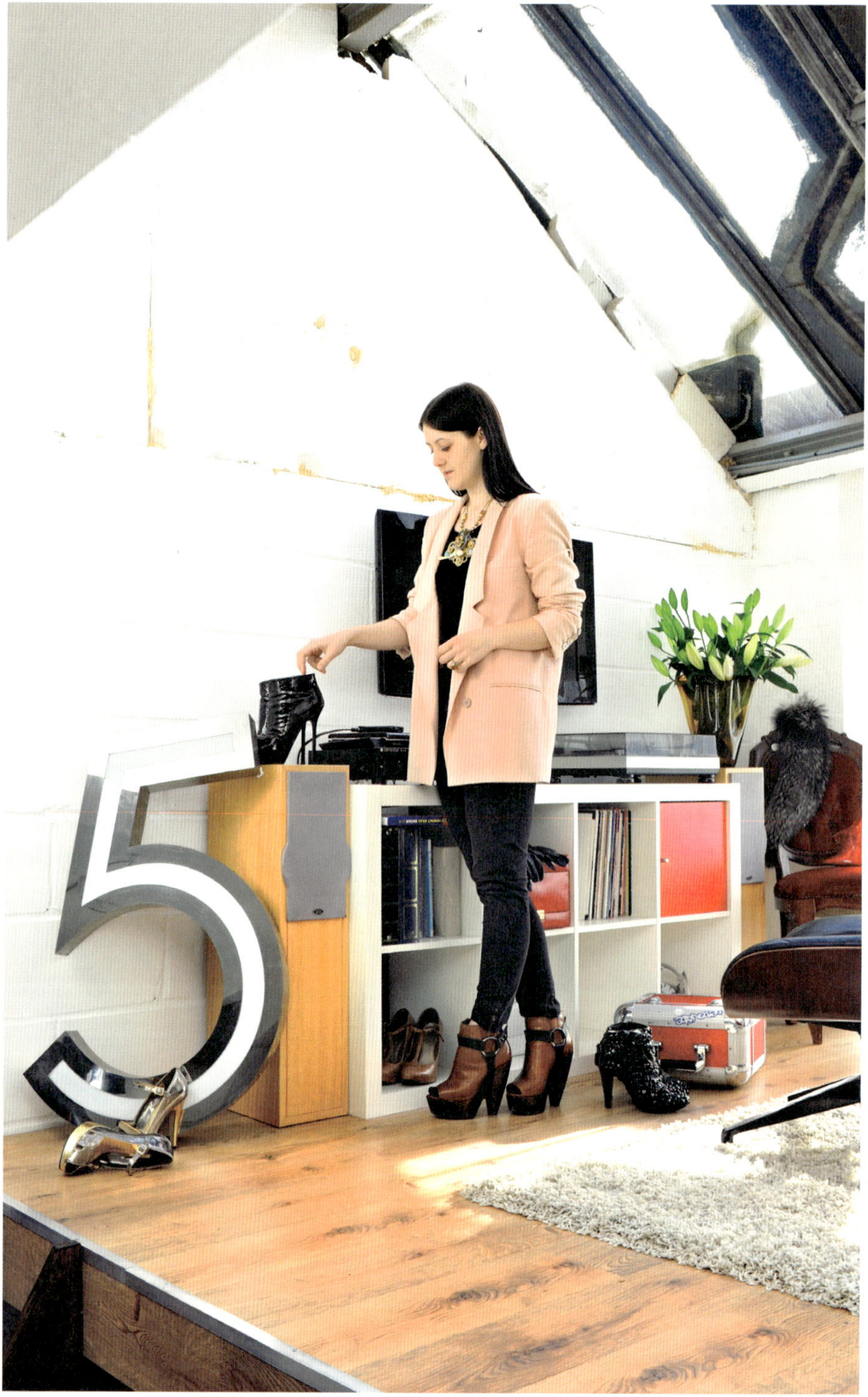

左上：ローズマリーの木と、折り紙ランプシェードのそばに、ミュウ・ミュウやイヴ・サンローランのお気に入りのハイヒールを並べて。右上：70年代のディスコをテーマにしたパーティのために見つけたシューズ。左中：ヴィンテージのメイクアップ・ボックスはイタリアで。左下：スワロフスキーのクリスタルを自分で取り付けたショートブーツ。右下：ときどきDJをして楽しむというジェマのレコードボックス。

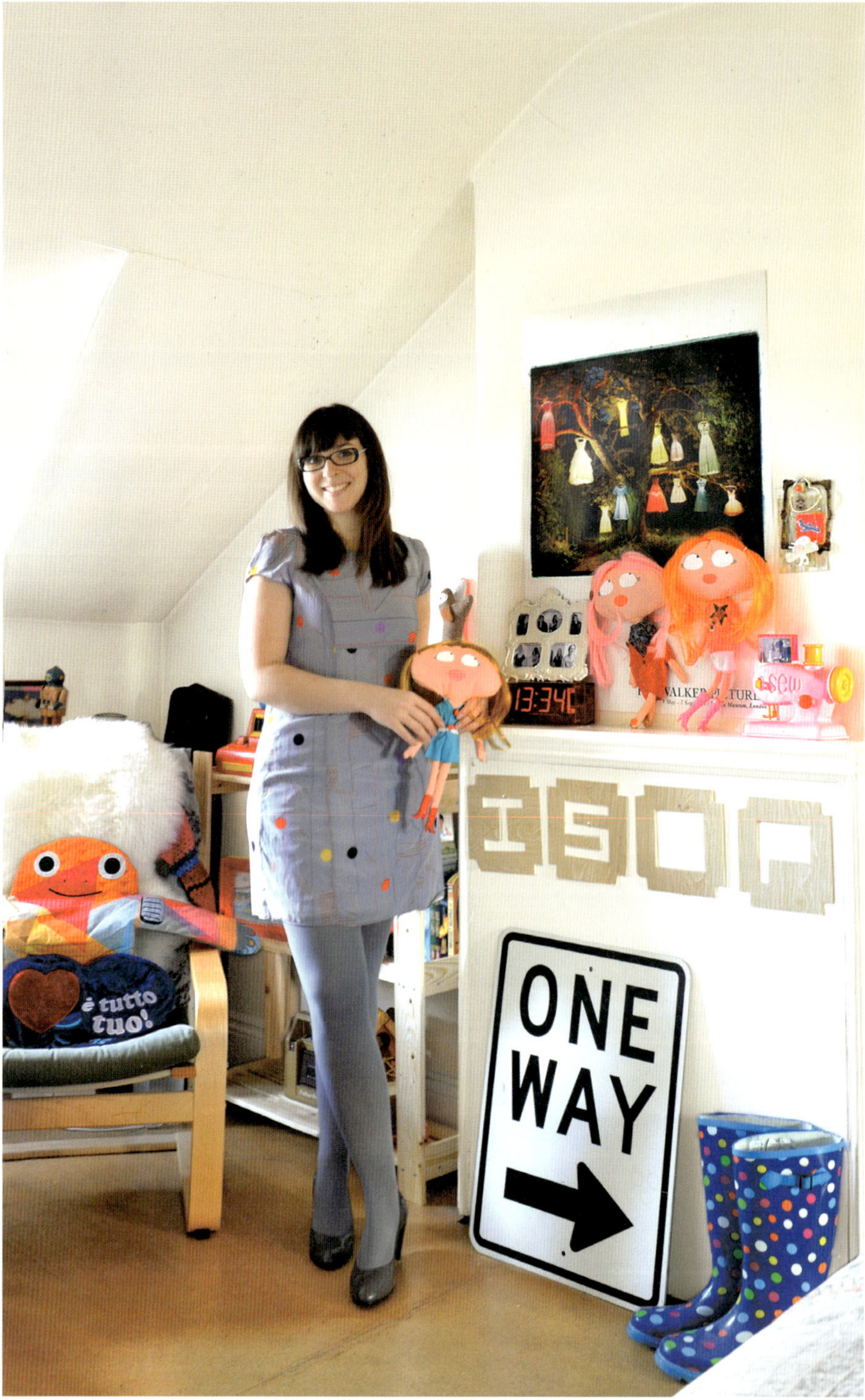
ONE
WAY
é tutto
tuo!
sew
13:34

のびのびと心地よく、自分らしいファッションで

Amelie Labarthe

アメリ・ラバルテ

co-founder and textile designer
Somethings Lab

おもちゃや、キャラクター、カラフルなものが
好きという、テキスタイルデザイナーのアメリ。
グレー地に、カラフルな水玉模様のワンピースは
イタリアで見つけた布で手づくりしたお気に入りの1着。
おしゃれでは、なにより心地よいことが大切。
ニュートラルなトーンの色づかいの中に、
楽しいアクセントを、ちょっとだけプラスして。
そんなコーディネートなら、きっと仕事でも、
パーティでも、自分らしくいられるはず。

パリのアートスクール、デュプレ校から、テキスタイルを学ぶためにセントラル・セント・マーチンズにやってきたアメリ。卒業後は、学校で出会った仲間たちとパフ＆フロックというユニットを組むほか、ボーイフレンドのマッテオと一緒にサムシングス・ラボというブランドを立ち上げて、さまざまなプロジェクトに取り組んでいます。アメリが暮らすのは、ノース・ロンドンのフィンズベリー・パーク。1800年代後期に建てられた、大きな住宅の最上階にあるスタジオ・タイプの部屋には、アメリの手がける作品が飾られて、まるでおもちゃ箱のような楽しい空間です。

左：ティム・ウォーカーの写真ポスターの前に置いた人形たちは、アメリが手がけた「ザ・クッキー・ワードローブ・ドールズ」。右上：キャラクターを自分でプリントしたパフスリーヴのTシャツに、プラスチック・ビーズのネックレスをあわせて。右下：アメリカから持ち帰った標識と、楽しい気分にさせてくれるシューズ。

左上：ガラスドア付きのチェストは、靴を選ぶときに便利。左中：マッテオと一緒にデザインしたキャラクター「ザ・フレンド・フロム・スペース」。右上：クローゼットとチェストは、もともとこの部屋にあったもの。左下：ニューヨークで見つけたポストカードをピンナップ。カラフルなベルトはコーディネートのアクセントに。右下：チャリティショップで見つけたハンドウォーマー。

左上：クローゼットの中におさめられた洋服もカラフル。右上：友だちや家族の思い出の品を組み合わせて作ったデコレーション。右中：ドナ・ウィルソンのふくろうクッションは友だちから。左下：ケーキづくりが得意なアメリ。マフィンとスコーンのレシピをミックスして生まれた「スコフィン」。右下：フランスに住んでいたころ、お隣さんから譲り受けた古いガレージのおもちゃ。

マッテオと一緒にカッティング・シートで、壁をデコレーション。人形たちを座らせたクッションは、子ども用のラグをアメリがリメイクしたもの。

左上：マッテオとのプロジェクトで手がけた「アニメイティッド・ジュエリー」コレクション。右上：お気に入りのネックレスは、お姉さんからのプレゼント。左中：愛用の香水は、ロクシタンの「チェリー・ブロッサム」とヴィクトール&ロルフの「フラワーボム」。左下：アメリが手がけたニットのモンスター・スカーフ。右下：クリエーションのためのすべてが揃っているアトリエコーナー。

上：チェストの上は、子どものころからコレクションしてきたおもちゃが並ぶ、トイ・ミュージアム。ドアにかけたポシェットは、アクセサリー代わりにシンプルなコーディネートの洋服に加えて。左下：デスクの上には、マッテオが生み出したキャラクター、タロウのぬいぐるみ。右中：「アニメイティッド・ジュエリー」のリング。右下：アメリがデザインしたブローチ。

Alison Lousada

アクセサリー使いで、コーディネートをいきいきと

アリソン・ルサダ
founder and designer
Lousada Heyhoe

アリソンの毎朝のコーディネートは、靴からスタート。
その靴になにがあうかしらと洋服を決めていきます。
ナチュラルなアースカラーを、ベースにした
レイヤード・スタイルが、お気に入り。
コーディネートには、ディテールが大切。
彼女が立ち上げたブランド、ルサダ・ヘイホーの
スカーフや、大ぶりのアクセサリーも欠かせません。
ソフトな雰囲気の中に、アイテムを重ねて生まれる
ハーモニーが、アリソンらしさを表現しています。

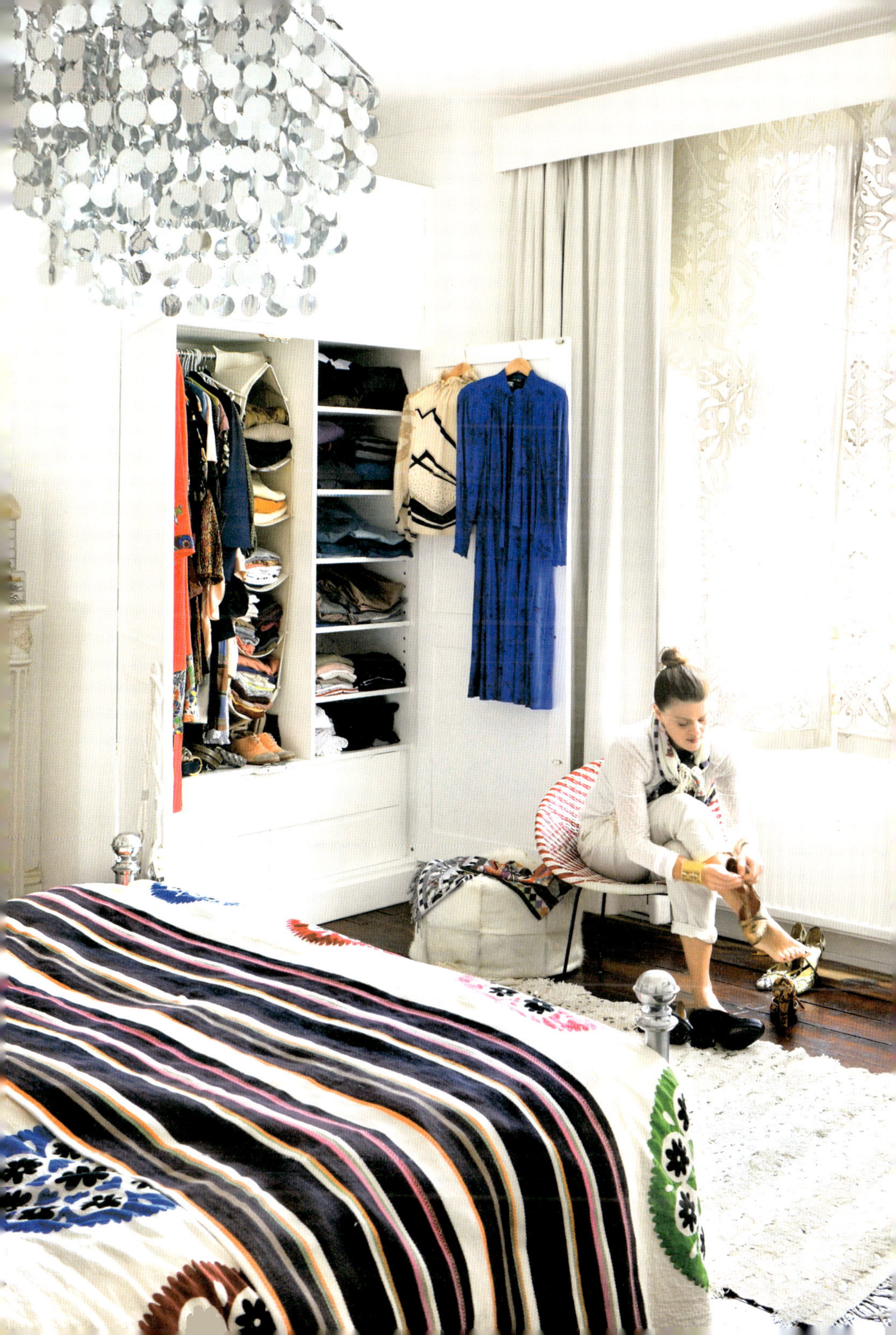

ノース・ロンドンのハイベリーは緑が多くて小さなお店が並ぶ、村のように親しみやすい雰囲気の住宅地。アリソンは、レコード会社に勤めるご主人とふたりの娘さん、そして2匹のねこと一緒に、ヴィクトリア朝時代の家に暮らしています。ベッドルームの上にある屋根裏部屋が、アリソンのアトリエ。旅先での出会いやヴィンテージ・デザインから得たインスピレーションをミックスした、スカーフ・コレクションを生み出しています。インテリアでは白い壁をキャンバスにして、雑貨であたたかみをプラス。モロッコやトルコなどから持ち帰った古いファブリックも取り入れています。

上：建築家の友だちの助けを得てデザインしたキッチン。木の器や陶器をたくさん集めているので、いつでも目に入るようにディスプレイ。左下：子どものころから、家にはいつもナッツがあったというアリソン。リスのナッツクラッカーをアフリカのボウルに入れて。右下：60年代ドイツの花器コレクション。

左上:2011年春夏コレクションのバタフライ・スカーフ。左中:さまざまなジャンルのモチーフが1枚の中で結びつくことで、新しい魅力を持つルサダ・ヘイホーのスカーフ。右上:ダイニング・テーブルは、エーロ・サーリネン、イスはバーナー・パントンのデザイン。壁にはヴィンテージ屋さんでひとめぼれしたオブジェを。左下:よく目を通す雑誌。右下:アリソン自作の陶器も。

左上：プラスチック製の靴箱は、中に入っているものがよく見えるのでお気に入り。右上：白いフェルトの帽子は、家族からのクリスマスプレゼント。右中：ヴィンテージのイヴ・サンローランのハイヒール。左下：少しずつ集めてきたチャームを、ひとつのネックレスに。右下：2010年の秋冬コレクションで発表したアクセサリーは、アフリカン・カラーがテーマ。クリスタルビーズを使い、手作業で作られました。

左上：ジョン・ガリアーノのシューズは、ヒールが細くて、なかなかはく機会がないけれど、とても気に入っている1足。右上：季節にあわせて選ぶ、セルジュ・ルタンスの香水。左中：成田空港で見つけた、着物のリメイク・ブラウス。左下：「アニーズ・アンティークス」で見つけた竹製のトルソーに、バッグをかけて。右下：ピンクのローブは、クレメンツ・リベイロのためにアリソンがデザインしたプリントを使ったもの。

左上：壁には結婚のお祝いに友だちがプレゼントしてくれた作品を飾って。ベッドリネンは、さまざまな柄をミックス。右上：70年代のキルト・ジャケットはポートベロー・マーケットで。右中：トム・フォードとミュウ・ミュウのサングラス。左下：バングルは2010年秋冬コレクションから。右下：帽子はアリソンとご主人のもの。アニヤ・ハインドマーチのクラッチと、70年代のビッグ・クラッチバッグ。

暖炉の上の鏡は、ご主人からのバースデープレゼント。暖炉の中に飾ったカラフルなスカルのイラストは、アーティストのダン・ボールドウィンの作品。

ひとつひとつがユニーク、光の中で生まれる洋服たち

Polly & Harry

ポリー & ハリー
founders and designers Draw In Light

ポリーとハリーは生まれたときから、ずっと一緒。
同じ大学へと進み、ともにテキスタイルを学ぶ中で
伝統的なプリント手法のシルクスクリーンにひかれました。
カッティングや縫製についての知識は少なかったという
ふたりは、扱いやすいジャージーを素材にして
ドロー・イン・ライトのコレクションをスタート。
フリーハンドのプリントで生まれる一点物の洋服たちは
ミニマルでスマート、女性らしいシルエットを大切に。
光や水、風のように軽やかなスタイルが生まれています。

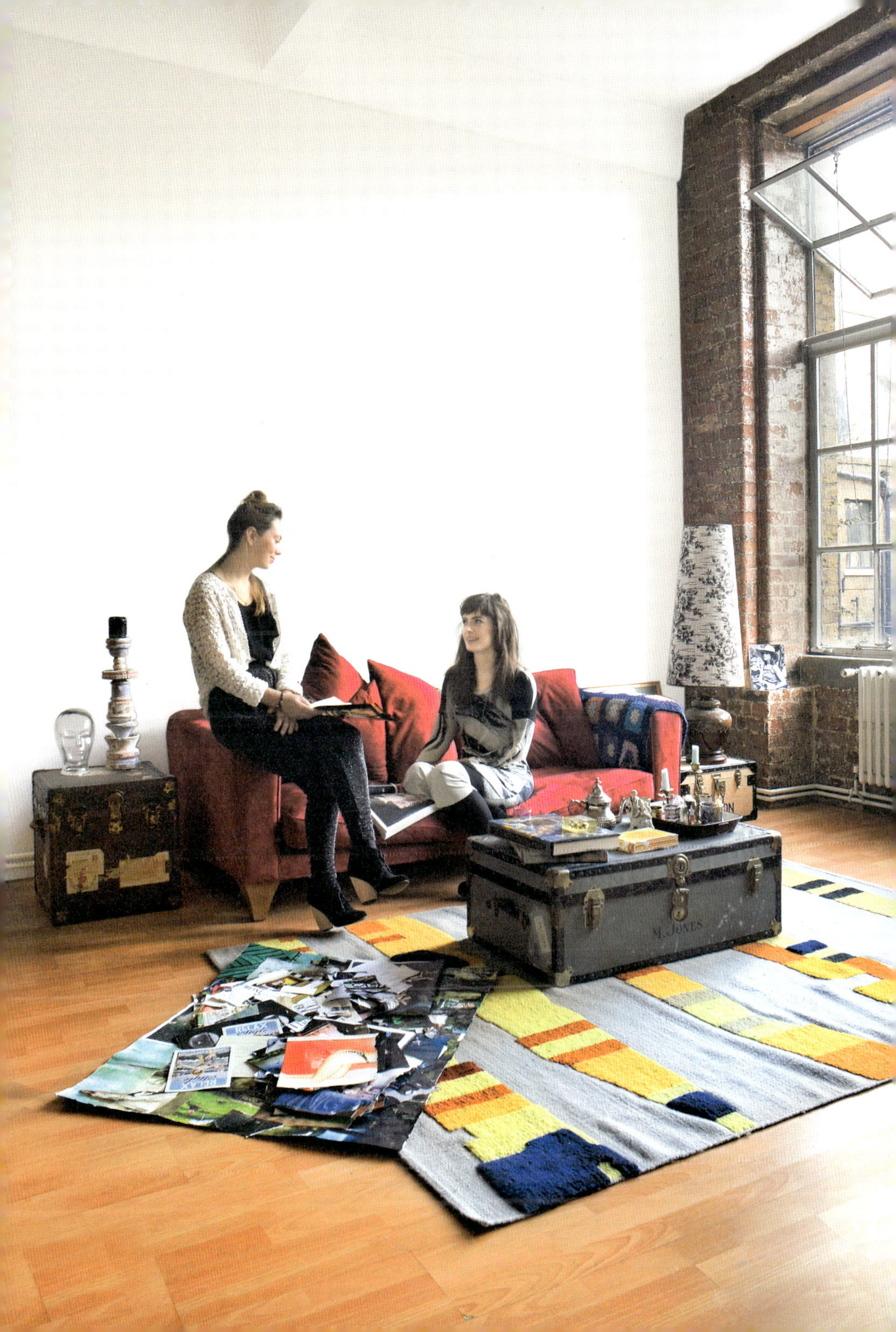
M. JONES

お母さんどうしが友だちで同じ産院にいたので、お腹の中にいたときから、ふたりの友情ははじまっていたというポリーとハリー。そんなふたりがドロー・イン・ライトを立ち上げたのも自然な流れ。ポリーがボーイフレンドのヴィンセントと一緒に暮らすのは、イースト・ロンドンのハックニー。ポリーの部屋にアトリエを構えているので、ハリーもよく訪れています。インテリアではトランクを収納にしたり、ジプシーのほろ馬車のドアをテーブルの天板にしたり、家具のアレンジを楽しんで。お気に入りのイメージをコラージュして、壁面にも自分たちの世界を広げています。

左上：玄関ホールのまっ白な壁に、新聞や雑誌、ポスターなどでコラージュ。70年代のイスは、ポリーが15歳のときに50ペンスで購入した掘り出し物。右上：まるで姉妹のようなふたり。クリエーションでは自然からたくさんのインスピレーションを受けているそう。右下：クリスマスに彼からプレゼントされたブーツ。

左上：2011年春夏コレクションのルックブック。右上：お気に入りのイメージを集めて、ふたりでコラージュ。左中：70年代に撮影したポリーのお母さん、イゾベルの写真と、ハリーお気に入りのクロエのネックレス。左下：お母さんから譲られた古いトランクの中に、コレクションしているハート型のオブジェを入れて。右下：ドロー・イン・ライトのマキントレスを着たポリー。

左上：ポリーのベッドルーム。もともと学校だった建物を、住まいにリノベーションしているので、窓やヒーターなどにその面影を感じます。右上：タイ北部の山岳民族によるスカートは、ポリーが8歳のころに着ていたもの。右中：家族が住んでいるセントルシアで見つけたバッグ。左下：お気に入りのアッシュのプラットフォーム・サンダル。右下：クッションカバーは花柄が好きというポリー。

上：鏡にかけたネックレスは、バルセロナで行われるエレクトロ・ミュージックのイベント、ソナー・フェスティバルで。**左中**：おばあさんが若いころの写真と、キャンドルを入れたグラスを並べて。**左下**：家族から譲り受けた古いハンガーを、マフラー掛けに。**右下**：二段ベッド用のはしごを、ディスプレイ棚にリサイクル。キッチュなマネキンは、おばさんからのプレゼント。

79

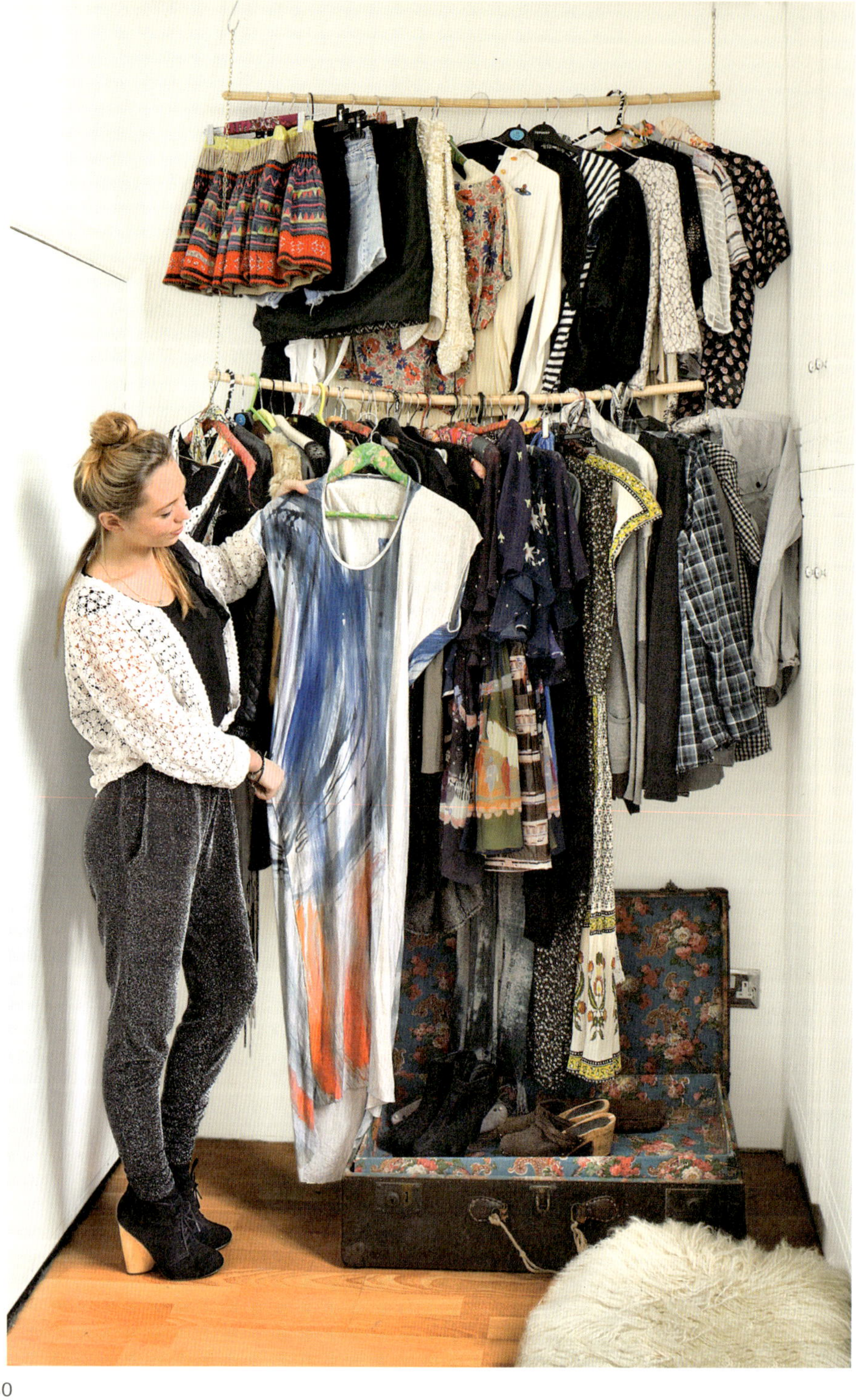

上:ドロー・イン・ライトのアトリエ・スペース。プリントした布地をカットして、ピン打ちをしているところ。中:オリジナルのファブリックを巻いたハンガーは、コレクションの展示会のために自分たちで作ったもの。左下:以前のアトリエで、友だちのジェイムス・アレンに撮影してもらった写真。中下:コラージュは、自分にとって人生のマニフェストのようなものというポリー。右下:美しいドレープを見いだす作業に欠かせないトルソー。

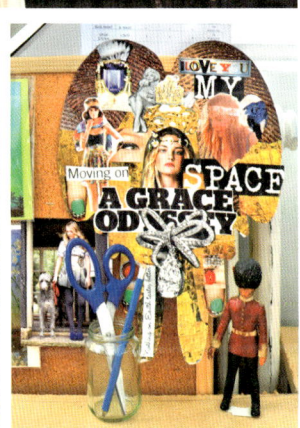

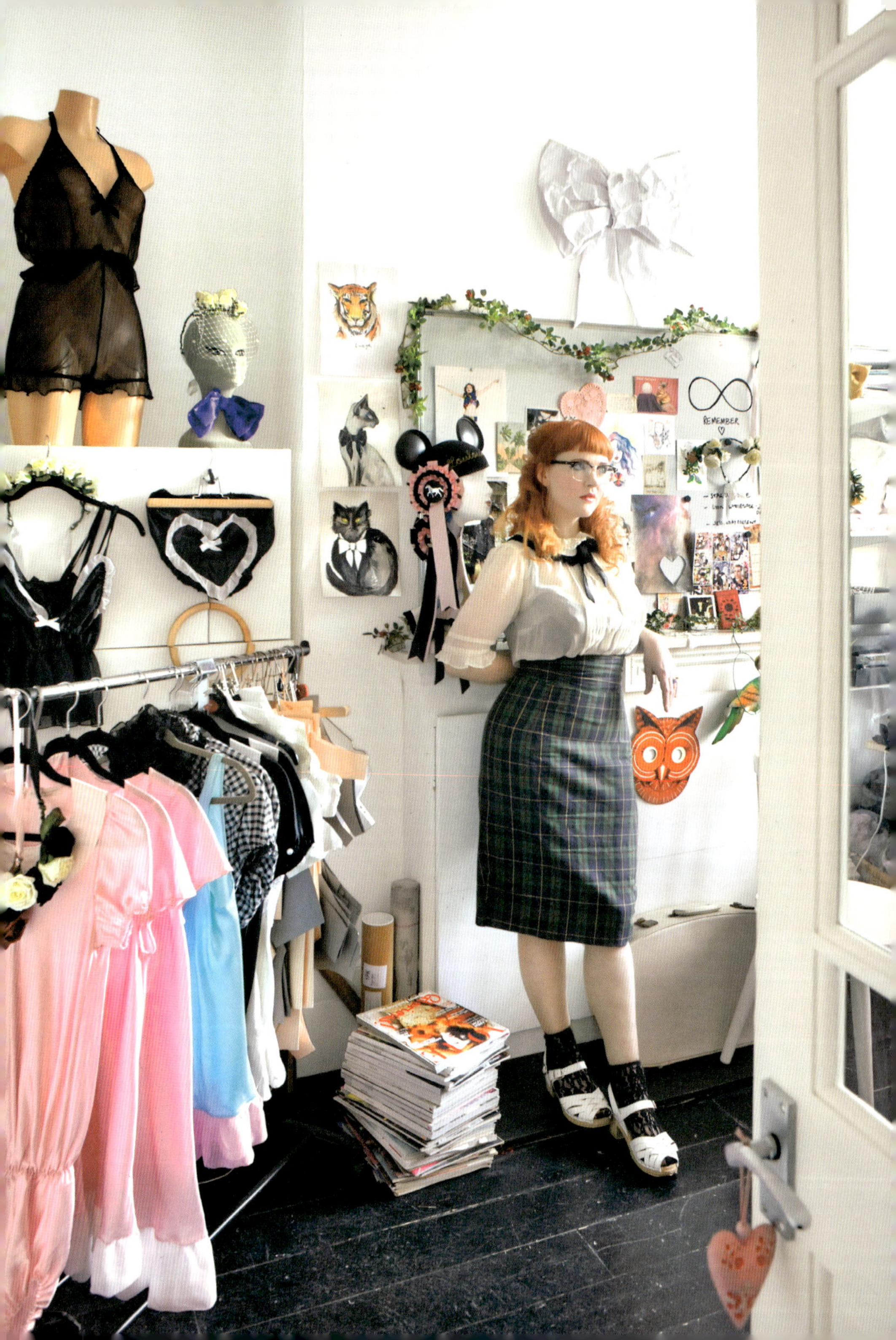
REMEMBER

ファンタジーの世界に遊んで、自分だけのおとぎ話

Loulou
Androlia

ルル・アンドローリア
lingerie and accessories designer
Loulou Loves You

洋服の下に、どんなランジェリーをつけているかは
だれにも分からないって考えると楽しくなるでしょ？
シルクを素材にした、ハンドメイドのランジェリーと
アクセサリーを手がける、デザイナーのルル。
ルル・ラブズ・ユーのコレクションはすべて、
こんなものが欲しいという思いから生まれたものばかり。
カーニバルやキャラクターにインスピレーションを得て
毎日をスペシャルに、楽しくしてくれるような
チャーミングでセクシーな作品を作り出しています。

ロンドン北東部のカムデンは、70年代のパンク・シーンやマーケットで有名なにぎやかなエリア。ルルはお姉さんと、ねこのキティと一緒に、ヴィクトリア朝時代に建てられたテラスハウスに暮らしています。ランジェリーやアクセサリーのデザインと同時に、マッサージや占星術、タロットに興味があるというルル。本や写真をはじめ、いつも好きなものに囲まれていたいから、コレクションしているドレスやナイティーは、インテリアとしてデコレーション。お気に入りは、ガーリー・スタイル。花やレース、リボンを取り入れて、少女のようにドレスアップします。

上：アトリエにあるホワイトボードには、インスピレーションソースになっているイメージをピンナップ。ツタバラのガーランドで、ロマンチックに囲んで。左下：ルル・ラヴズ・ユーのヘッドドレス。右下：プレゼントされた時計と、お気に入りの香水エージェント・プロヴォケーターの「メトリーゼ」。

左上：若いころのおばあさんのモノクロ写真、友だちから送られたカード、コレクションのイメージフォトを貼って。右上：友だちのスティーヴがデザインしてくれたブランドロゴと、ジョアンナ・レッドが描いてくれたポートレート。左中：ロスのヴィンテージショップで見つけた、クリーム色のシルクドレス。左下：オーダーメイドも受け付けているヘッドドレス。右下：ハンドメイドで繊細に仕上げられるランジェリーたち。

左上：ニュー・ルックやASOSで見つけたヴィンテージの雰囲気を持つアイテムたち。布張りのアンブレラを少しずつ集めているところ。右上：アクセサリーはいつでも目に入る鏡の縁にディスプレイ。飛行機のネックレスは、ジュエリーデザイナーの友だちが作ってくれたもの。右中：ルルが描いたドローイング。左下：タロットカードの上に、ブローチ・コレクションを並べて。右下：お気に入りのシューズ。

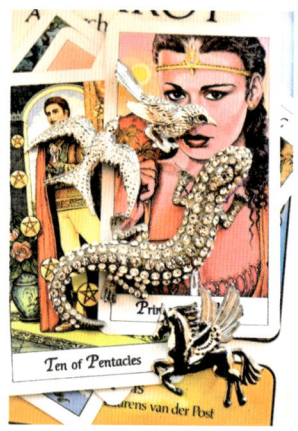

左上：ヴィンテージのボックスバッグ。**右上**：ニューヨークのショップ「ガール・プロップス」で見つけたハート型バッグは色違いで。**左中**：お気に入りモチーフのバンビのフィギュア。写真は親友のバニーと一緒に。**左下**：ねこのキティのフルネームは、プリンセス・キティ・タイガー・パンツ！**右下**：ニュー・ルックのブラウスに、オリジナルの黒いリボン　カラ　とタータンチェック・スカートをあわせて。

ヘア&メイクアップからはじまる、クールビューティ

Sophie Loula Ralli

ソフィー・ローラ・ラリ
designer RALLI Design

ソフィーの朝は、ヘアスタイルのセットからはじまります。
頭を逆さにして髪の毛を乾かし、スプレーでキープ。
リキッドアイライナーも、大切なアイテムのひとつ。
このクールなヘアスタイルとメイクアップが、
個性的なスタイルを、くっきりと印象づけます。
トレンドにしたがうばかりじゃ、おもしろくないでしょ？
とソフィーは、シンプルな洋服に、ひねりをきかせて。
80年代イギリスのパンク・スタイルをベースに
彼女のエレガンスが、うまく溶けこんでいます。

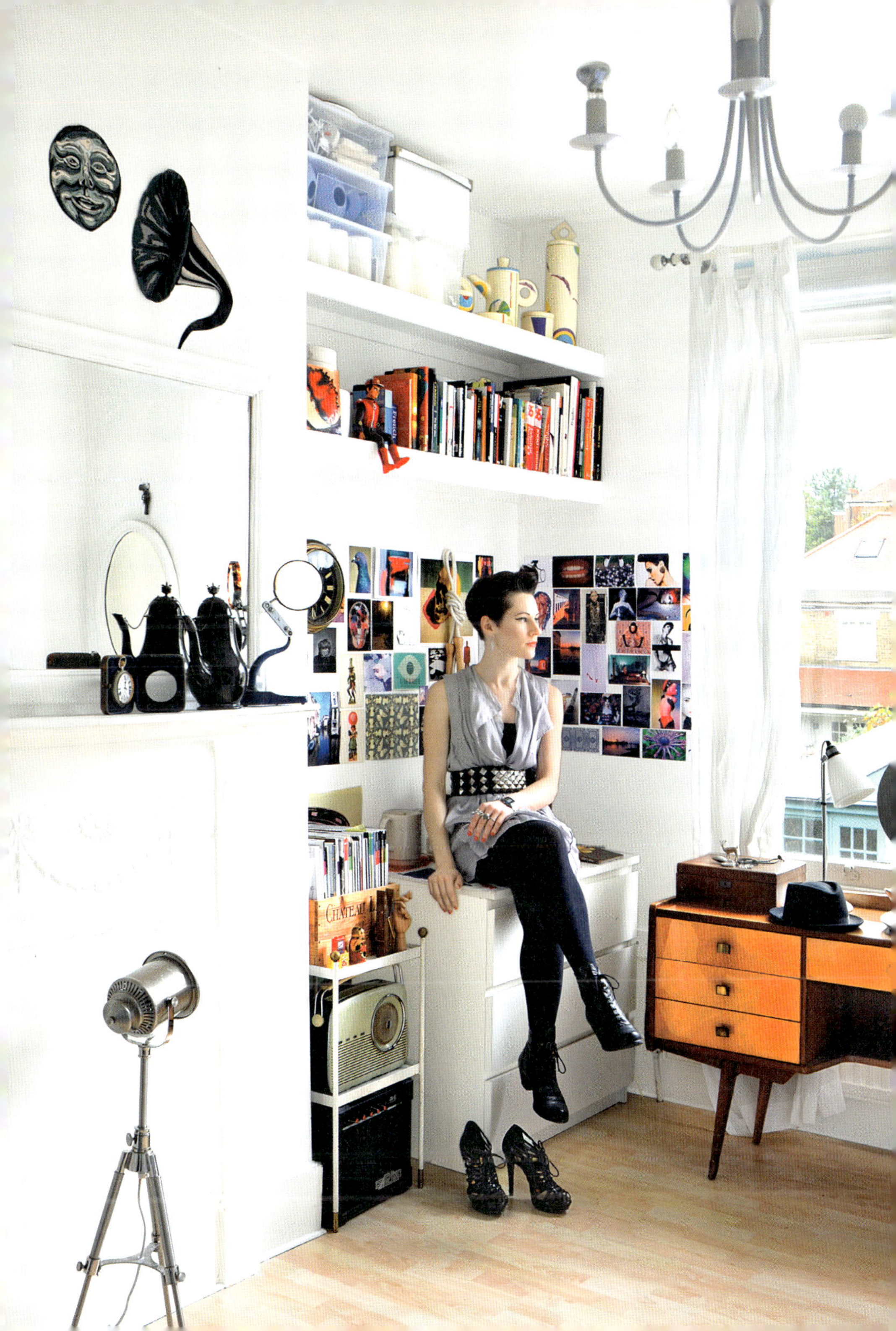
CHATEAU

ウェスト・ロンドン郊外の街スタンフォード・ブルックに建つ、この家はソフィーが生まれ育ち、いまも家族で暮らしている場所。庭には画家として活躍するお母さんのアトリエもあります。セントラル・セント・マーチンズでセラミックを学んだソフィーは、卒業後にお兄さんのルイと一緒にラリ・デザインをスタート。コンセプトは、ロンドンのような都市に暮らす人々のために、スペースを有効に活用できる機能性と美しさを兼ね備えたプロダクト。ソフィー自身も気分をすっきりさせてくれる、シンプルなインテリアが好き。気に入ったものだけを、そばに置くようにしています。

左：太陽の光がたっぷり入る窓辺にドレッサーを置いて。右上：コスチュームデザイナーの友だちがプレゼントしてくれたネックレス。メイク用品はソフィーがデザインした「ザ・シャッフル・デスク・タイディ」の中に。右下：右手は自由に使えるようにと、リングはいつも左手に。いくつも重ね付けするのが好き。

左上：ブラック・ドレスは友だちからの誕生日プレゼント。左中：おばあさんから譲られたグローヴに、14歳のころからのお気に入りのライオンのベルト・バックル。右上：いつまでも大切にしたいイメージを壁にコラージュ。彼女のスタイル・アイコンのイーディ・セジウィックやジェームズ・ディーンの写真も。左下：おばあさんから譲り受けたシルバー・ブレスレット。右下：ティーセットはラリ・デザインのプロダクト。

左上：サングラスの下は、おじいさんが持っていた1900年代はじめのたばこ箱。右上：ネックレスもおばあさんから譲り受けたもの。ベルギーからやってきたおばあさんのスタイルは、ソフィーに大きく影響しているそう。左下：壁にかけた絵はお母さんのアニーの作品。右中：ギターを練習中のソフィー。右下：2ウェイの座り方ができる、ラリ・デザインのイス。バッグはスウェーデンのピア・ヴァレンのもの。

左上：友だちが着なくなったタンクトップを自分でリメイク。ポークパイ・ハットをあわせて、マニッシュに。左中：カート・ジェイガーの靴は、ソフィーのお気に入り。右上：まるでブティックのように美しく整理されたクローゼット。左下：ラリ家は、アーティストばかり。本棚に作品集が並んでいて、ソフィーも幼いころからアートに触れていました。右下：アクセサリーは、重ね付けを楽しんで。

左上:おばあさんがお裁縫作業をするときに使っていた拡大鏡。左中:ボリビアのマーケットで見つけたレザーバッグ。右上:デザインの勉強をはじめる前にソフィーが描いた作品。左下:「ザ・フィーカ・ティーセット」は、スタッキングできる4人分のティーカップとシュガー&ミルク・ポットとポットが木製トレイの上に。右下:「世界中でいちばん好き!」という、ねこのクランブル。

広々としたリビングで。壁の絵はお母さんがバウハウスのデザインに影響を受けて描いた作品。円形のテーブルはラリ・デザインのプロダクト。

ちょっとハードなディテールでフェミニンさをひきだして

Sophie Hulme

ソフィー・ヒュルム
fashion designer

ミリタリー・テイストのスパイスが効いている
上質の素材を使った、ソフィーのコレクション。
アクション・マン人形が着ているユニフォームや
エアフィックス社の飛行機のプラモデルなど
イギリスの男の子たちが、昔からよく遊んでいる
おもちゃがインスピレーションソースになっています。
みんなが見逃してしまうような、小さな部分まで、
ていねいに、美しく作られているところが魅力。
ソフィーのデザインにも、細かな部分への愛があふれます。

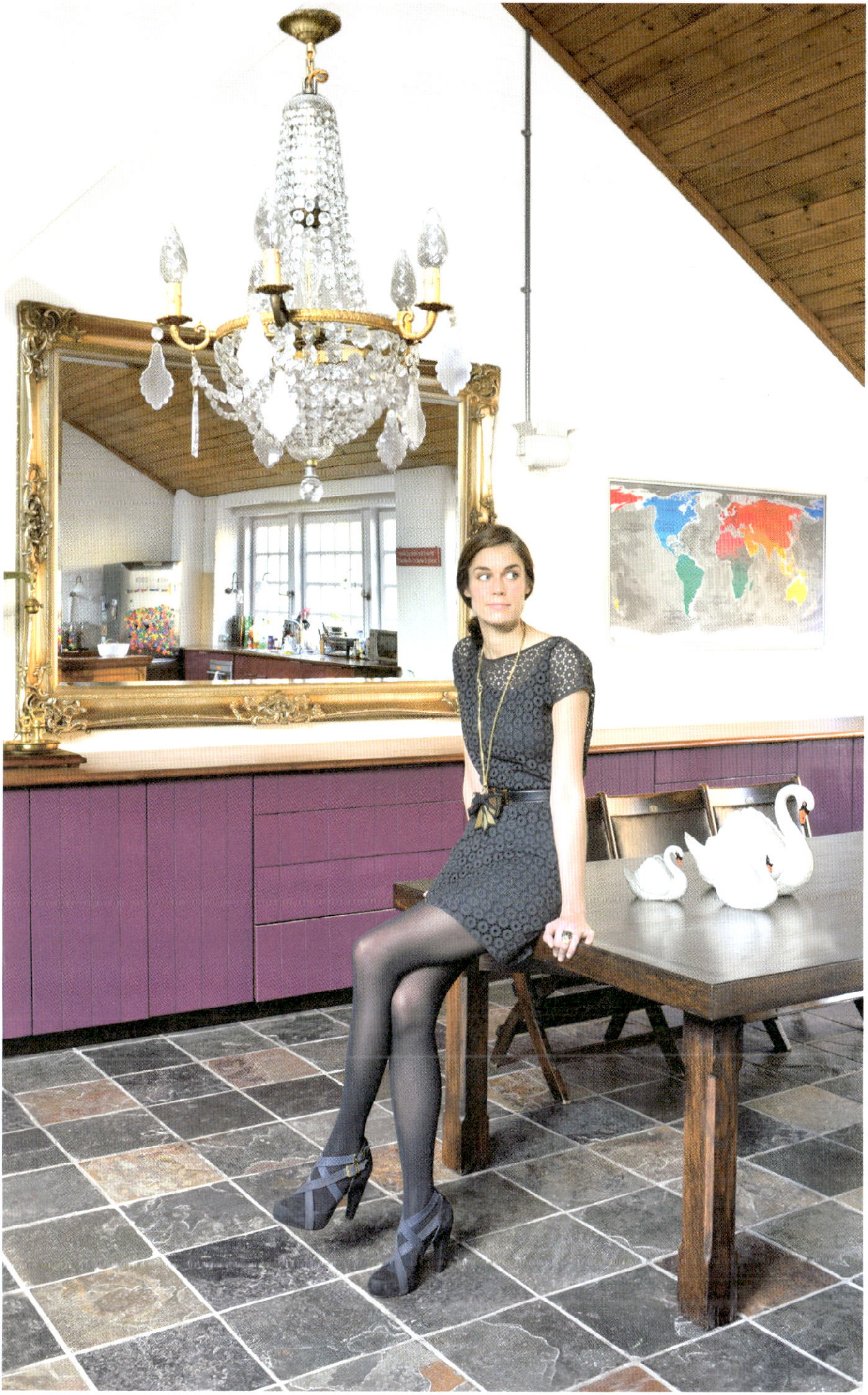

キングストン大学在学中にいくつかの賞を受賞し、フレッシュなファッションデザイナーとして注目されたソフィー。卒業してすぐにブランドを立ち上げ、いまでは世界中に彼女のコレクションを扱うお店があります。シーズンごとに変わるチャームをおまけとしてつけているのも、うれしい心づかい。イズリントンにあるソフィーの住まい兼アトリエは、50年代におもちゃ工場だった建物で、広々とした空間を5人の友だちと一緒にシェアしています。カジュアルでも洗練された印象のソフィー。ダークな色の洋服をシンプルに着こなして、アクセサリーで味付けをすることがポイントです。

左：パリののみの市で見つけたドレスに、ソフィーがデザインしたリボン・ネックレスをあわせて。ヴィンテージショップでショーケースとして使われていた食器棚の中には、おばあさんから譲り受けた食器コレクションを並べて。
右上：大学での受賞を祝って購入したミュウ・ミュウのバッグ。右下：優美なデザインのはかりは、オークションで。

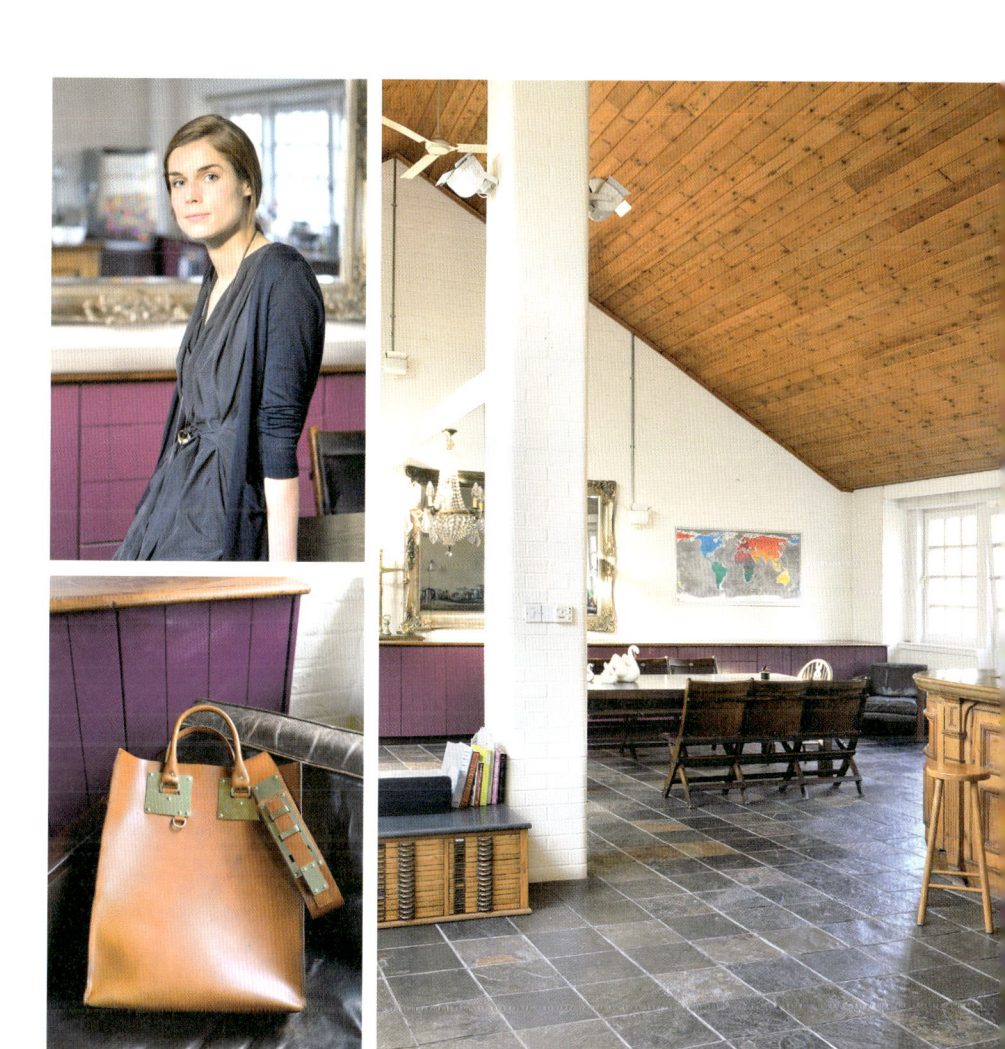

左上：ジャンプスーツはヘルムート・ラングのもの。左中：トートバッグは、ソフィーのコレクションの中でも人気のアイテム。右上：高い天井と広々とした空間のダイニング・キッチン。カウンターは以前パブで使われていたものを引き取ってきました。左下：おばあさんから譲り受けたティーセット。棚の内側は、ソフィーが古い壁紙を貼ってデコレーション。右下：お母さんが集めていたスワンの植木鉢カバー。

左上：花柄がキュートなナイキのスニーカー。コラボレーションしたこともあるナイキは、お気に入りのブランド。**右上**：チェーンやバックル、ボタンなど、作品づくりのためのパーツはガラス・ジャーの中に。**左下**：中2階にあるアトリエで。**右中**：インスピレーションソースになっているアクション・マン人形の洋服。**右下**：子どものころから集めているチャームは、どれも大切な宝物。

左上：リボン・ネックレスはマスキュリンとフェミニン、2つのスタイルをミックスさせるというアイデアから生まれたアイテム。左中：飛行機モチーフのネックレスと、インスピレーションソースになったエアフィックス社のプラモデル。右上：2010年秋冬のコレクションで発表したコート。左下：お気に入りのバッグたち。右下：イズリントンのヴィンテージマーケットで見つけたサンダル。

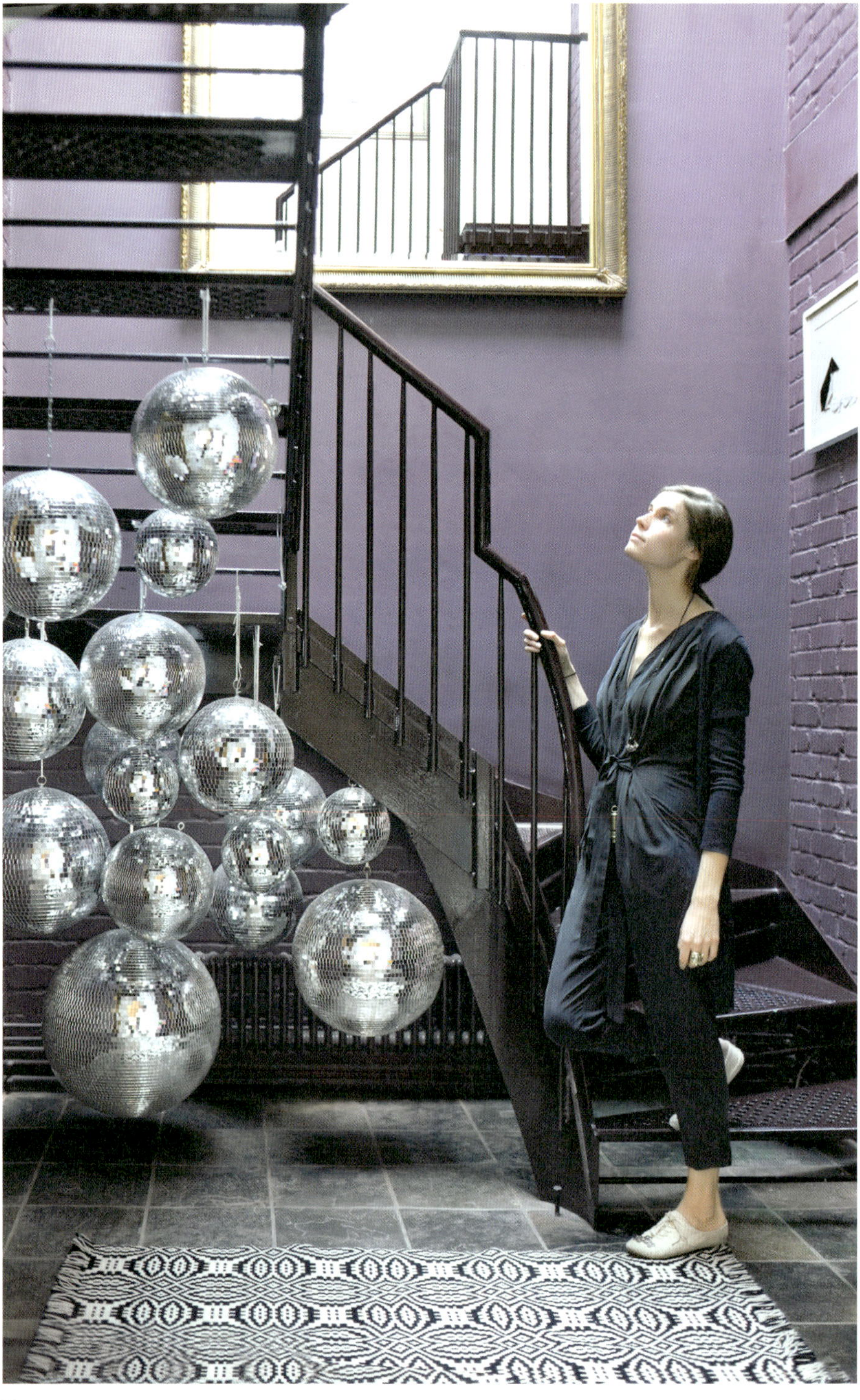

左上：アーティスト仲間のマットが作ったペンギン。**左中**：プラダとミュウ・ミュウのハイヒール。
右上：作り付けのクローゼットはたくさん収納できて実用的。時を経た木の風合いがソフィ　のお気に入り。**右下**：コーディネートの仕上げは靴選び。いつでも目に入るように鏡の下に並べて。
右下：イニシャルの「S」やカメラなど、遊びごころのあるモチーフ・アクセサリーがたくさん。

103

ことば遊びから生まれる、ユーモラスなデザイン

Hannah Havanna

ハンナ・ハヴァナ
jewellery and accessories designer
Garudio Studiage

ユーモラスなことば遊びが好きというハンナ。
みんながどんなことばを使っておしゃべりしているか
いつも興味を持って、耳をすましているのだそう。
彼女の手がける、ジュエリーやアクセサリーは
日常よく目にするオブジェが、新しい形に変身したり
バックグラウンドに楽しいエピソードがあるものばかり。
ファッションでも、個性的で楽しいデザインが好き。
古着屋さんで見つけたヴィンテージとあわせて
フレッシュなデザイナーのアイテムをコーディネート。

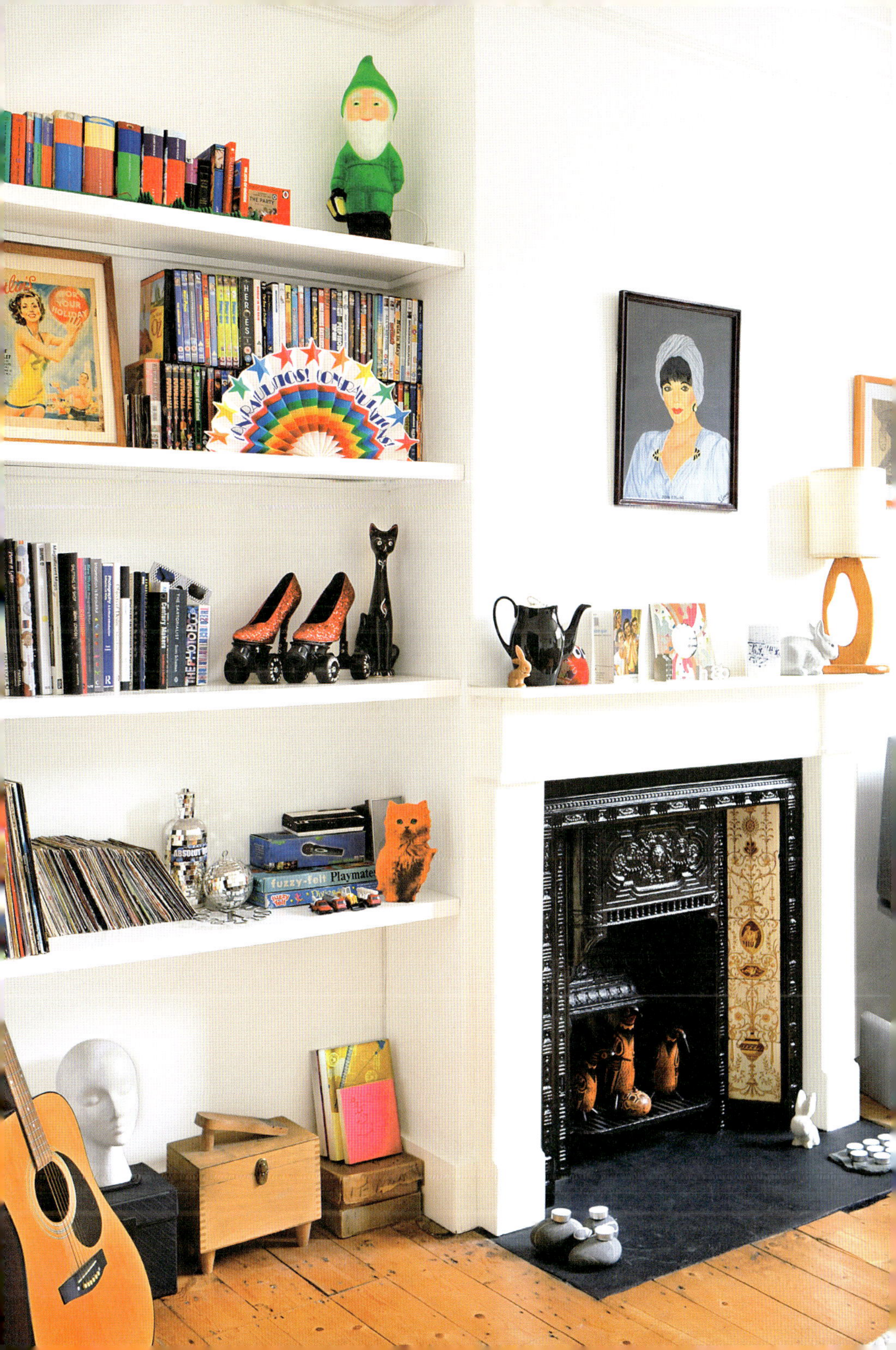
fuzzy-felt Playmates
ABSOLUT
HEROES

ハンナがプロダクトデザイナーのフィアンセと一緒に暮らすのは、家族向けの住宅地イースト・ダリッジ。1800年代中ごろに建てられたヴィクトリア朝時代の建物で、壁や床もゆがんでいるけれど、その年月を経た雰囲気が気に入っているというハンナ。1階はリビングとキッチン、そして2階にベッドルームという間取りで、どの部屋にも彼女が手がけた作品が飾られています。作品はすべて、友だちと4人で立ち上げたガルディオ・スタディアージから発表。ちょっと風変わりなデザインのコンセプチュアルなオブジェたちが、インテリアをいきいきと楽しく色どります。

左：50年代のカクテルバー・カウンターは、ネット・オークションで。ホームパーティでも大活躍。壁に並んだフレームは、レコードを使ったハンナのシリーズ作品。右上：赤いリップ型ネックレスはマグネットが入っていて、ふたつがキスする仕組み。右下：ハンナがデザインした「ハンバッグ＆フレンズ」。

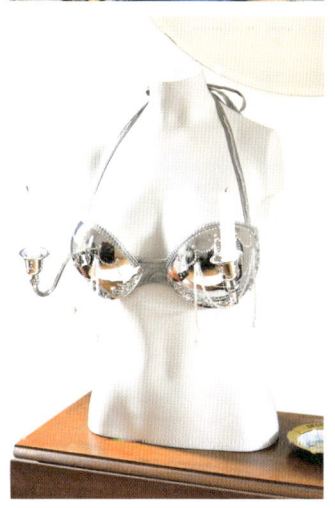

左上：タンクトップは、ガルディオ・スタディアージのオリジナル。**左中**：ハンナが個展で発表した「ウェア・ザ・ウェルス」シリーズのキャンデラ・ブラ。**右上**：ドイツのメーカーから取り寄せた壁紙は、ロンドンにいながらにしてビーチの気分が味わえる夢のアイテム！**左下**：友だちがプレゼントしてくれたペルーの鳥は、ひょうたんにペイントしたもの。**右下**：「ヒールズ・オン・ホイールズ」は撮影のために手がけた作品。

左上：60年代から80年代にかけての観光地のポストカードを素材にポップアップ作品を手がけているハンナ。右上：2日がかりでスワロフスキーのクリスタルでおおった赤いパンプス。イメージソースは大好きな映画「オズの魔法使い」。左下：サム・グリーンバーグによる80年代のドレスを着て。右中：夜のおでかけにはシャネルの香水を。右下：紙の口ひげは友だちのアーティスト、ケンのデザイン。

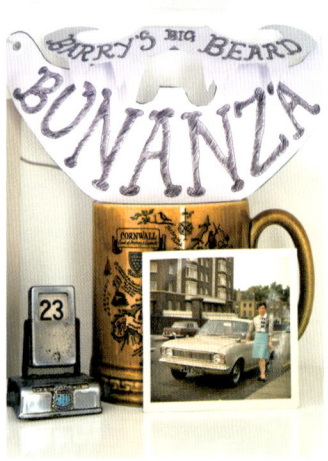

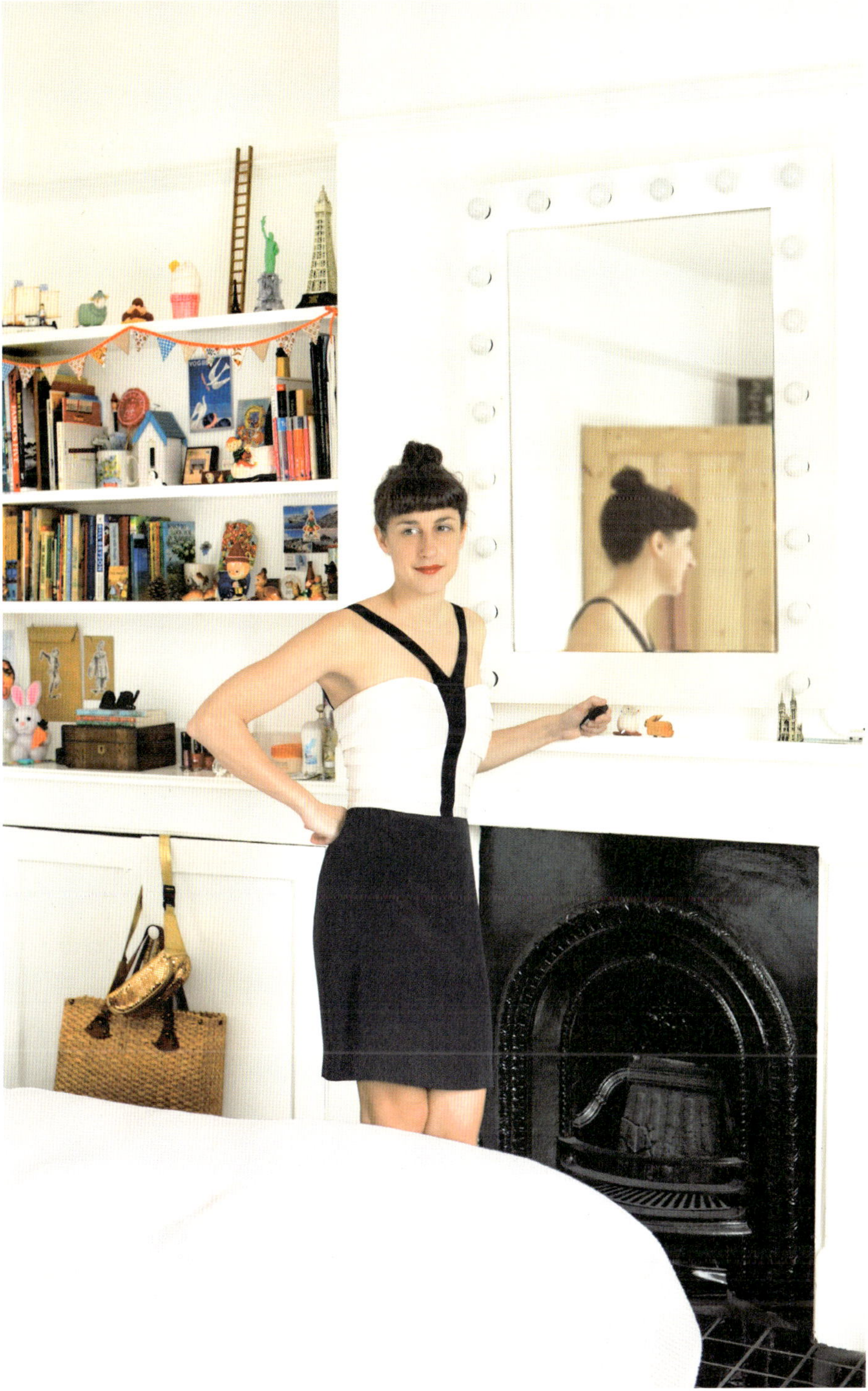

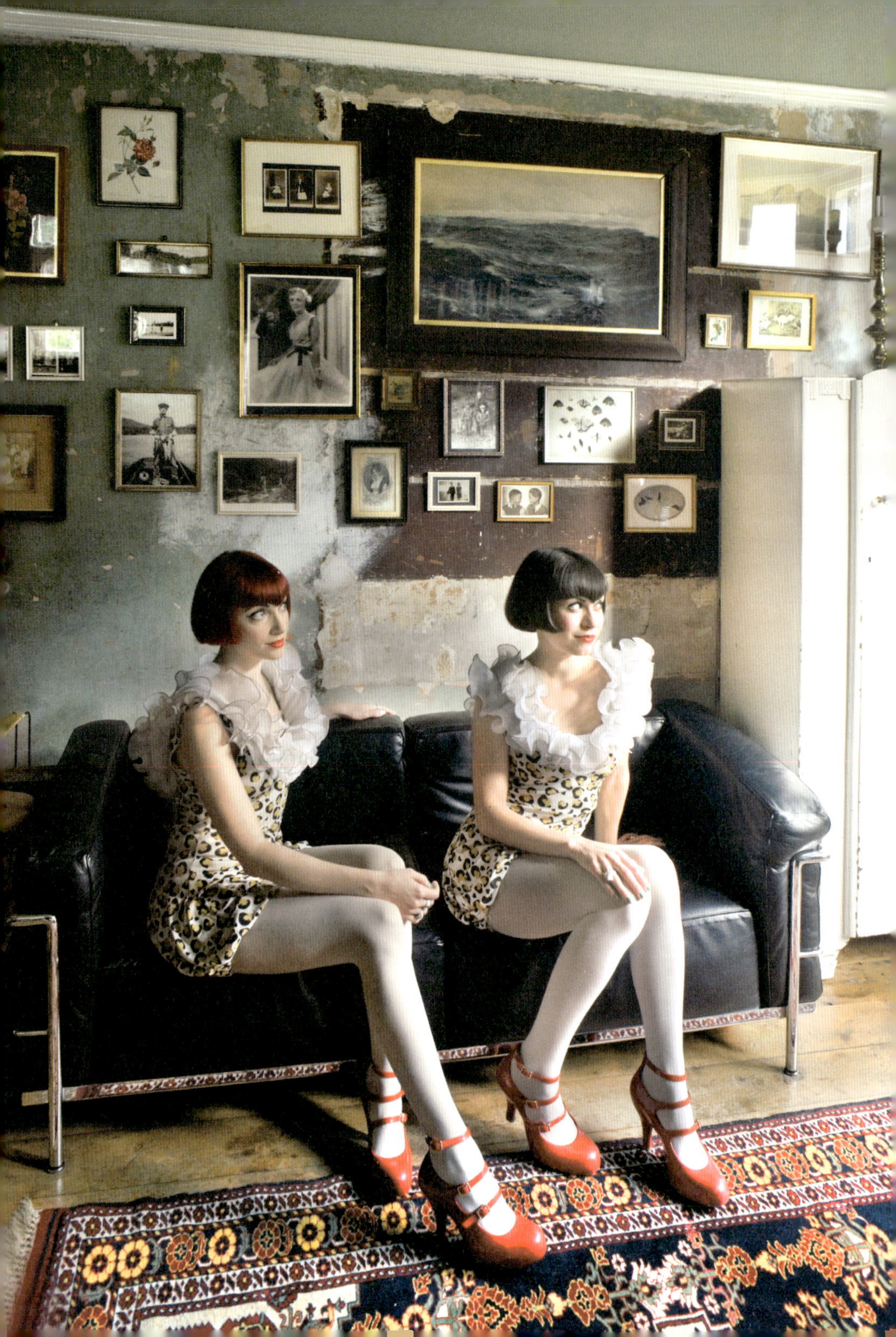

Nisha & Amber

不思議の国からやってきた、音楽のフェアリーたち

ニーシャ＆アンバー
DJs Broken Hearts

クラブやパーティなどのイベントで話題を集める
チャーミングなDJユニット、ブロークン・ハーツ。
特徴的なV字型の前髪と、ボブのヘアスタイル。
そして、自分たちでデザインしたプレイスーツに
白いタイツと赤いハイヒールまで、すべておそろい。
ニーシャとアンバーのキュートなファッションは
まるで、不思議の国から抜け出してきたよう。
サーカスや古い映画にインスピレーションを得て
レトロなスタイルをモダンに表現しています。

ふたりの出会いは、ロンドンの有名なヴィンテージショップ「ビヨンド・レトロ」で、ニーシャはプレス、アンバーはバイヤーをしていたときのこと。DJをしている友だちが多く、仕事のあとによく遊びに行っていたことがきっかけ。いまではイベントでのDJパフォーマンスやレコードづくりなど音楽活動のほかに、洋服のデザインも手がけています。ニーシャが暮らすのは、若いクリエーターが多く集まるクリエイティヴな雰囲気のホクストン。すりきれたような風合いの壁は、もともと貼られていた壁紙をはがして生まれたもの。フレッシュな感覚で、レトロを楽しんでいます。

上：リビングの壁に飾った写真は、DJツアーで行ったニューヨークで立ち寄ったガレージセールで見つけた50年代のアルバムからピックアップしたもの。**左下**：ヴィヴィアン・ウエストウッド×メリッサのラバーシューズ。**右下**：マニキュアはいつも明るい色でコーディネート。

左上:「ザ・テレグラフ」で紹介されたときの記事と、ニーシャがデザインする、ヴァイオレット・マナーズのネックレス。右上:プレイスーツは「ビヨンド・ザ・バレー」のためにデザインしたもの。左中:鹿のランプは、お気に入りのインテリア雑貨。左下:マジシャンの手から花が飛び出すようなデザインの花器は、ジャンクショップで。右下:友だちのデザイナー、マアイッケ・メッキングのドレスで。

左上：ルル・ギネスのリップ型クラッチバッグ。右上：ミュージシャンのホワイティと制作したシングル「ブラックキャット／ブランコ」。電話の受話器型ヘッドフォンは、ハルガー社とのコラボレーション。左下：ドレッサーのまわりはコスチュームでいっぱい。右中：「カウント・ゾーズ・フリークス」のPVの中で身に付けたボーン・ネックレス。右下：履き心地のいいシューズは色違いで揃えて。

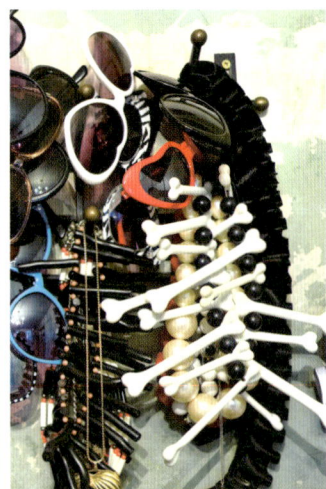

左上：ヴィンテージの帽子コレクション。**右上**：ブロークン・ハーツのコスチューム。自分たちでデザインしたり、友だちのデザイナーの作品だったり、お店で見つけてきたものも。**左下**：親友でもあるテリー・ドゥ・ハヴィランドが特別に作ってくれたプラットフォーム・シューズは、ベルトを付け替えることができます。**右下**：50年代のバッグ。左側はジュエリーデザイナーとして有名なエニッド・コリンズのデザイン。

左上：モスクワでDJをしたときに受けとった、ボーイフレンドからの思い出のクリスマスプレゼント。
右上：ふたりのスタイルのモチーフになっているピエロの人形は、ファンからプレゼントされることも。
左下：ショートパンツに白いタイツというコーディネートは、定番のスタイル。右中：チュールのスカートは、オーバー・サイズのマフラーとしてアレンジ。右下：ベッドサイドにはお気に入りのオブジェを並べて。

ベッドルームの壁紙もすべてはがして、そのままの状態に。天井までの高さをいかして、洋服はすべて頭上のラックに。

古いオブジェを、ポエティックなジュエリーに変えて

Tara Holmes

タラ・ホルムス
jewellery designer

シャンデリアのパーツに、プラスチックのエッグカップ
子どものおもちゃのパーツを組み合わせたネックレス。
のみの市やガレージセールで、誰も見向きしない
古いオブジェの中に美しさを見いだして、ユニークで
ポエティックなジュエリーを作り出すタラ。
ボーイッシュで、心地のよいプレーンな装いの中に
自分で手がけたジュエリーをプラスして。
どれも一点物なので、気に入ったものは手放せずに、
毎日のワードローブに、取り入れています。

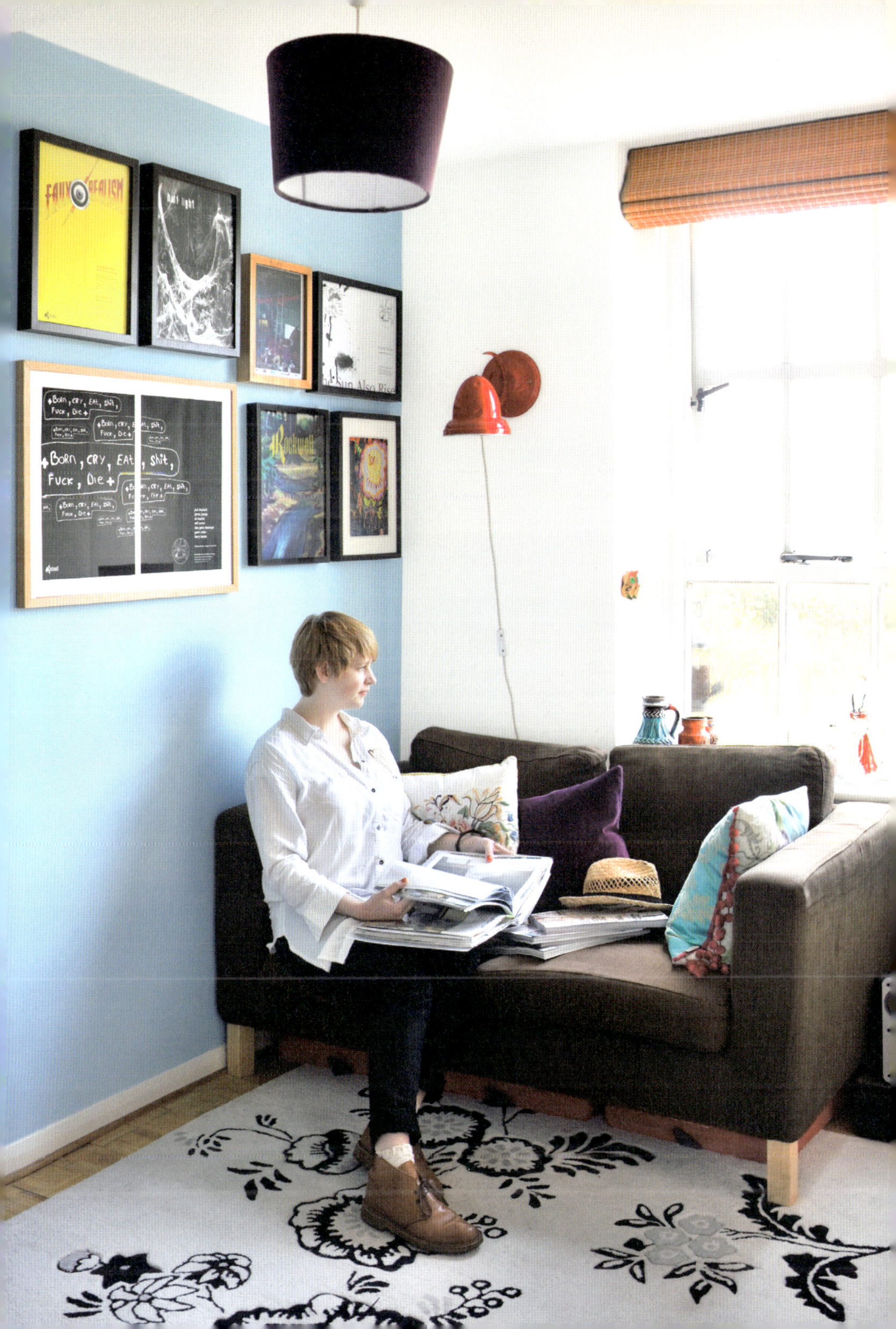
Born, CRY, EAt, Shit,
Fuck, Die

イースト・ロンドンのベスナル・グリーンは、すぐ近くにスピタルフィールズ・マーケットがあり、新しいギャラリーやショップなどが集まる、いきいきとしたエリア。ジュエリーデザイナーのタラはヴィクトリア朝時代の5階建てのアパルトマンの最上階に、ボーイフレンドと一緒に暮らしています。リビングの壁は50年代の古いインテリア雑誌からインスピレーションを得た、やさしい水色にペイント。ふたりで集めたお気に入りのアート作品やオブジェを飾っています。タラのいちばんのコレクションは、古い缶。どこかなつかしく、居心地のいい、シンプルな空間を作り出しています。

左：ボーイフレンドのリースが仲間と立ち上げたギャラリー、ロックウェルのポスターをフレームに入れてディスプレイ。右上：ジャケットはブライトンにあるヴィンテージショップ「ウルフ＆ジプシー」で。右下：鳥のえさ入れを取り付けている窓辺には、いろいろな鳥が遊びにやってきます。

左上：闘牛士型のブランデー・ボトルは、のみの市で。左中：ボトル・シップは、サフォークのがらくた市での掘り出し物。右上：思いがけない色あわせが気に入っているコーナー。ひじ掛けイスはデザイナーズ・ギルドのもの、クッションはバッキンガム宮殿で。左下：馬にまたがったエリザベス女王の像やヴィンテージの缶は、タラの大切なコレクション。右下：スピタルフィールズ・マーケットで見つけたガーデン・オブジェ。

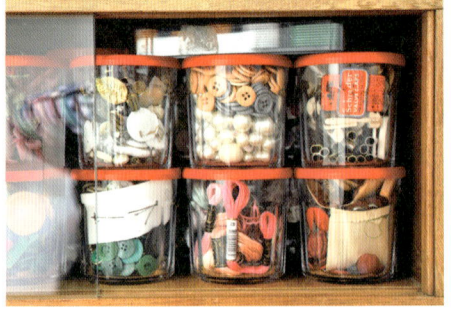

左上:ボール紙でできたドミノと、ティドリーウィンクスというゲームで使うチップを素材にしたネックレス。右上:ボタンやビーズは、すべてガラスジャーの中に。左下:ブロードウェイ・マーケットで見つけたチェストを窓辺に置いて。右中:クリスマス・プレゼントに添えるメッセージタグは、50年代のもの。右下:ガレージセールで見つけた缶は、家に持ち帰ってピカピカに磨いて。

上：壁に作りかけのパーツをかけておくことで、進行の過程を眺めるのが好きというタラ。ここから、また違うアイデアが浮かんでくることも。左下：プラスチックのエッグ・スタンドや積み木、自分でペイントしたビーズで作ったジュエリー。右中：象牙のトゥース・ピックを編みこんだブローチ。右下：プラスチックのミルクジャーをリボンでつなげて。マニキュアはヴィヴィッドな赤やピンクがお気に入り。

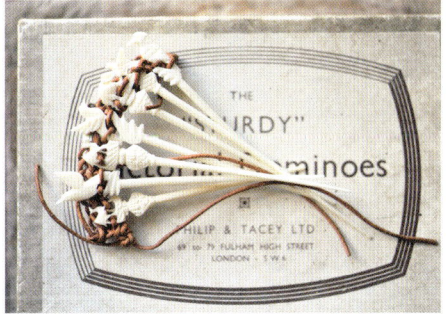

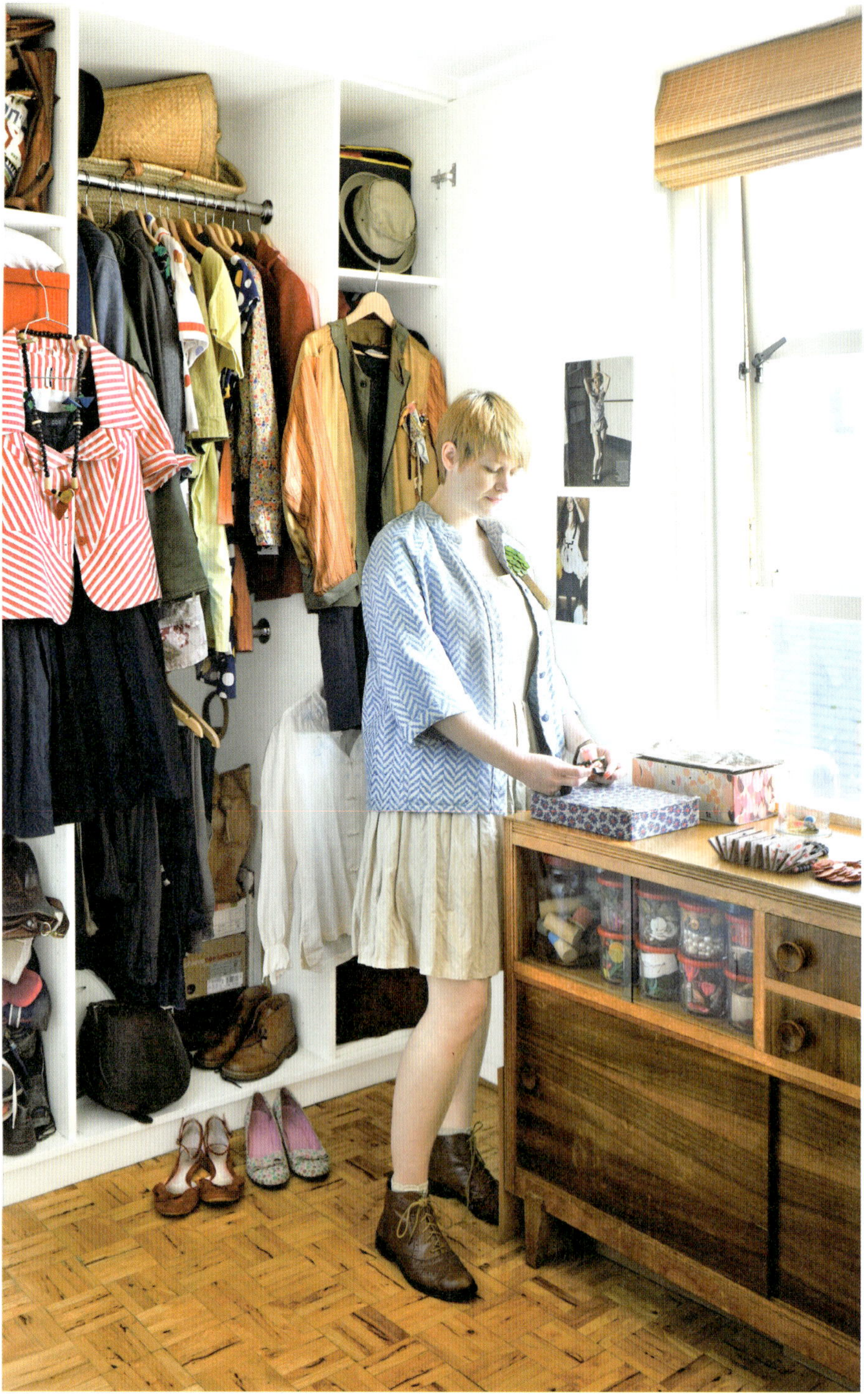

上：壁に飾った絵画は、アレックス・モリソンの手によるもの。中：学校で使われていたイスは、リースのお母さんからのプレゼント。ヴィンテージのクッションを並べて。左下：リボンとボタンで作ったブローチ。中下：カラフル・ドットが踊るポップなバレエシューズ。右下：ティドリーウィンクスのチップを葉っぱに見立てて、定規で幹を作った、ポエティックな木のブローチ。

The editorial team

édition PAUMES

Photograph : Hisashi Tokuyoshi

Design : Kei Yamazaki, Megumi Mori

Illustrations : Kei Yamazaki

Text : Coco Tashima

Coordination : Helena Amourdedieu, Kathleen Hills

Editorial advisor : Fumie Shimoji

Editor : Coco Tashima

Art direction : Hisashi Tokuyoshi

Contact : info@paumes.com　www.paumes.com

Impression : Makoto Printing System

Distribution : Shufunotomosha

We would like to thank all the artists that contributed to this book.

édition PAUMES　ジュウ・ドゥ・ポゥム

ジュウ・ドゥ・ポゥムは、フランスをはじめ海外のアーティストたちの日本での活動をプロデュースするエージェントとしてスタートしました。
魅力的なアーティストたちのことを、より広く知ってもらいたいという思いから、クリエーションシリーズ、ガイドシリーズといった数多くの書籍を手がけています。近著には「北欧ストックホルムのファミリースタイル」「パリのカップルスタイル」などがあります。ジュウ・ドゥ・ポゥムの詳しい情報は、www.paumes.comをご覧ください。

また、アーティストの作品に直接触れてもらうスペースとして生まれた「ギャラリー・ドゥー・ディマンシュ」は、インテリア雑貨や絵本、アクセサリーなど、アーティストの作品をセレクトしたギャラリーショップ。ギャラリースペースで行われる展示会も、さまざまなアーティストとの出会いの場として好評です。ショップの情報は、www.2dimanche.comをご覧ください。

Girls Fashion Style London
ロンドン おしゃれガールズ スタイル

2011 年 5 月 31 日 初版第 1 刷発行

著者：ジュウ・ドゥ・ポゥム

発行人：徳吉 久、下地 文恵
発行所：有限会社ジュウ・ドゥ・ポゥム
〒 150-0001 東京都渋谷区神宮前 3-5-6
編集部 TEL / 03-5413-5541
www.paumes.com

発売元：株式会社 主婦の友社
〒 101-8911 東京都千代田区神田駿河台 2-9
販売部 TEL / 03-5280-7551

印刷製本：マコト印刷株式会社

Photos © Hisashi Tokuyoshi
© édition PAUMES 2011 Printed in Japan
ISBN978-4-07-278480-8

Ⓡ ＜日本複写権センター委託出版物＞
本書(誌)を無断で複写複製（コピー）することは、著作権法上の例外を除き、禁じられています。本書(誌)をコピーされる場合は、事前に日本複写権センター（JRRC）の許諾を受けてください。
日本複写権センター（JRRC）
http://www.jrrc.or.jp　eメール：info@jrrc.or.jp　電話：03-3401-2382

＊乱丁本、落丁本はおとりかえします。お買い求めの書店か、
　主婦の友社 販売部 03-5280-7551 にご連絡下さい。
＊記事内容に関する場合はジュウ・ドゥ・ポゥム 03-5413-5541 まで。
＊主婦の友社発売の書籍・ムックのご注文はお近くの書店か、
　コールセンター 049-259-1236 まで。主婦の友社ホームページ
　http://www.shufunotomo.co.jp/ からもお申込できます。

ジュウ・ドゥ・ポゥムのクリエーションシリーズ

パリのモードな女の子のファッション＆インテリア
Girls Fashion Style Paris
パリ おしゃれガールズ スタイル

著者：ジュウ・ドゥ・ポゥム
ISBNコード：978-4-07-274849-7
判型：A5・本文128ページ・オールカラー
本体価格：1,800円（税別）

女性アーティスト22人のクリエーション空間
London Ateliers
ロンドンのかわいいアトリエ

著者：ジュウ・ドゥ・ポゥム
ISBNコード：978-4-07-265572-6
判型：A5・本文128ページ・オールカラー
本体価格：1,800円（税別）

パリジェンヌたち30人のかわいい暮らし
petits Appartements à Paris
パリの小さなアパルトマン

著者：ジュウ・ドゥ・ポゥム
ISBNコード：978-4-07-250441-3
判型：A5・本文128ページ・オールカラー
本体価格：1,800円（税別）

手作りが好きなパリの女の子たちの部屋
Appartements de filles à Paris
パリジェンヌのアパルトマン

著者：ジュウ・ドゥ・ポゥム
ISBNコード：978-4-07-266710-1
判型：A5・本文128ページ・オールカラー
本体価格：1,800円（税別）

住まいの中に設けた、手づくりスペース
Bureaux à la Maison
パリのおうちアトリエ

著者：ジュウ・ドゥ・ポゥム
ISBNコード：978-4-07-272951-9
判型：A5・本文128ページ・オールカラー
本体価格：1,800円（税別）

フレッシュな女性アーティストたちの創作の場所
Ateliers de Filles 2
パリジェンヌたちのアトリエ2

著者：ジュウ・ドゥ・ポゥム
ISBNコード：978-4-07-260416-8
判型：A5・本文128ページ・オールカラー
本体価格：1,800円（税別）

www.paumes.com

ご注文はお近くの書店、または主婦の友社コールセンター(049-259-1236)まで。
主婦の友社ホームページ(http://www.shufunotomo.co.jp/)からもお申込できます。